姉妹都市の挑戦

国際交流は外交を超えるか

毛受敏浩
MENJU Toshihiro

明石書店

はじめに

日本は今、国際交流全盛期を迎えようとしている。

政府のインバウンド拡大の方針によって訪日のビザが緩和された結果、二〇一六年には、年間二四〇〇万人を超える外国人が日本を訪れるようになった。日本の魅力が世界に発信されるようになると、アジアだけではなく、オセアニア、アメリカ、ヨーロッパ、中東など世界中の人々が日本の都市、自然、文化に興味を抱き、日本への旅行を夢見るようになっている。

それに呼応するかのように、日本国内でもこれまで国際交流に縁のなかった人々の間にも外国人と接する機会が増えている。日本に住む外国人の数は近年急速に増加し、外国人を町で見かけることはすでに多くの地域で日常生活の一コマになっている。また「国際化」という大げさな言葉を使わなくとも、外国籍やダブル（ハーフ）の知人や同僚、隣人を持つ日本人も多いだろう。

それに拍車をかけるのが二〇二〇年に開催されるオリンピックである。オリンピックを契機に海外との交流を一層、活発化しようと国をあげての取り組みが始まっている。これまで外国人が少なかった地方都市でも世界から多くの人々が訪れるようになり、日本に住む外国人も一層増えていくだろう。まさに日本全体が国際交流の新時代に突入しつつあるといってよい。

さて、従来から一般市民に国際交流の機会を提供してきた活動に姉妹都市交流がある。現在、日本では世界各地と一七〇〇以上の姉妹都市提携が結ばれており、さまざまな交流が半世紀以上にわたって展開されている。若者に限らず、退職者や高齢者が活発にかかわっている交流も多い。著者は身近な国際交流の入口として地元の姉妹都市交流に参加することをお勧めするが、実は姉妹都市には深いルーツがある。

日本で姉妹都市交流が始まったのは一九五〇年代。日本人が海外旅行するには政府の許可が必要で、外国人の存在自体が珍しかった時代にまで遡る。その時代、当時の人々はなぜ姉妹都市交流を行おうと思ったのか？　何を期待し、またどのような交流が行われたのだろうか？

そもそも姉妹都市とは何かを考え始めるとさまざまな疑問が生まれる。なぜ姉妹都市で兄弟都市とは言わないのか？　姉妹都市提携は政府の許可は得て行うものなのだろうか？　(日本と国交のない北朝鮮との間で姉妹都市締結が行われていた例がある)。

姉妹都市の最初期である一九五〇年代に行われた交流の様子を子細に観察すると、現在につながる日本人の外国や外国人に対する意識の原点が見えてくる。

当時の人びとは驚くほどの積極性を持って海外との交流に取り組んだ。人々は異文化に対して強い興味を示し、海外の人々と直接、交流を行いたいという強い意欲を持っていた。外国人の存在が珍しく、国際交流という言葉もなかった時代に、人びとの態度は決して排他的ではなかった。

日本人の国際交流の原点がここにあるといえるだろう。

意外なことにそれは原爆が投下された長崎市でも同じだった。長崎市は日本で初めてアメリカと姉妹都市を結ぶ第一号になる。その交流は日米の国民的な和解のシンボル的な意味をもつようになりその後、日米間で四〇〇を超える姉妹都市提携が行われるようになった。

この日本で最初の姉妹都市提携が行われてから六〇年以上が経過した。世代でいえば三世代目に入る頃だ。おじいさんやおばあさんの世代が参加した姉妹都市との交流に今ではその孫が参加をするということも実際に起こり始めている。

本書は六〇年以上の歴史を持つ姉妹都市交流の変遷を掘り起こし、その全貌を明らかにする。どのような国際交流が全国で行われているのか？　さらにその交流はどのような影響を地域社会、そして世界に与えてきたのか？

姉妹都市交流について書かれた書物は一部の学術的なものを除けば世界でも皆無である。本書とともに、今まで語られることのなかった姉妹都市交流、そして国際交流の世界にあなたをお連れしよう。

目次

第1章

日本の姉妹都市の源流を探る

日本の姉妹都市はいつ頃、どのようなかたちで始まったのだろうか。時間の針を半世紀以上、巻き戻すところからスタートしたい。

日本の最初の姉妹都市提携は、一九五五年に行われた長崎市とアメリカのセントポール市の提携に遡る。一九五五年といえば、終戦からほぼ一〇年。一般の日本人の海外渡航が解禁された一九六四年よりはるかに昔の時代である。

陸続きで国境を接しているヨーロッパと違い、島国の日本では海外との交流に一般市民が直接関わりあう機会は乏しかった。特に第二次世界大戦直後の日本は一種の鎖国状態にあり、海外へ出国できるのは極めて限定された人だけだった。

海外旅行が一般市民にとっては夢見ることもできないような時代の話である。そんな時代に姉妹都市交流が始まったのはなぜか？　どのような意図があったのだろうか？　また姉妹都市に人びとはどのような思いを持って接したのか。

それを紐解く前に、データを確認しておこう。一九五五年の長崎市の姉妹都市提携の後、その後一年をおいて一九五七年に六件、五八年に四件、五九年に一〇件と、一九五〇年代後半には計二一件のアメリカとの姉妹都市提携が行われている。

一方、一九五〇年代に行われたアメリカ以外の国との姉妹都市提携はオーストリア一件、フランス二件、ドイツ二件にすぎない。初期の日本の姉妹都市提携はアメリカを中心に展開されたといったよいだろう。

戦後まもない時期に始まった姉妹都市交流は、新しい時代の到来を告げるものだった。当時、地方都市の市民が海外（当時は欧米を想定）の人びとと親しく交流することが行われるというのはまさに驚天動地の出来事だったのではないか。今のグローバル化にも勝るとも劣らない「新しい時代がやってきた」という驚きを多くの市民がもったことだろう。

他国に先立ってアメリカの要請を受けて始まった姉妹都市交流は、アメリカ人の日本人に対する意識にも大きな影響を与えたといえるだろう。敵国であったはずのアメリカ人を多くの日本人は道路に整列して小旗を振って大歓迎して出迎えた。姉妹都市からやってきたアメリカ人はその歓迎ぶりに「国賓のような待遇」と驚いた。日米の和解は、草の根の姉妹都市交流に凝縮されているといってもよいのではないだろうか。その後、日米間には四〇〇を超える提携が行われていくことになる。

黎明期の姉妹都市交流として最も古い長崎市と仙台市を取り上げ、提携に至る経緯や当時の状況を探ってみよう。

長崎市とセントポール市

長崎市とセントポール市との間での提携は一九五五年一二月七日に行われている。すでに廃止された国際親善都市連盟の編集による『日本の姉妹都市　一九九〇年版』によれば、一九五五年五月の在ニューヨーク日本国連協会代表ウイリアム・G・ヒューズ（William G. Hughes）からの斡旋申し入れがきっかけだった。

その後、数度にわたる折衝の末に、同年一〇月二四日にセントポール市においてその結成式が行われ、さらに一九五五年一二月七日、セントポール市議会の締結可決と長崎市議会全員協議会の賛同により正式に都市縁組は成立したとされている。

当時の長崎の新聞はどのように報じているだろうか。

『長崎日日新聞一九五五年九月四日付』には「日本国連協会の仲介で、長崎市が全国各都市にさきがけアメリカ・ミネソタ州セントポール市と同族都市として縁組を結ぶことに決まつた。セントポール市では長崎市と文化交流を図る為さきに日本国連協会を通じ長崎市に対し同族関係（縁組）を結びたい旨申入れていたが、田川長崎市長の承諾もあり、いよいよ一〇月初めセントポール市で縁結びの式典が行われることになつた」と記載されている。

この記事では、交流の橋渡し役としてヒューズの個人名の記述はなく、日本国連協会の仲介とセントポール市からの申し入れが報じられている。また興味深いのは姉妹都市ではなく、「同族関係（縁組）」という言葉が使われている点だ。

当時、アメリカでも姉妹都市（Sister city）という言葉は使われていないこともあるが、アメリカからの突拍子もない申し出に、頭をひねった当時の市の職員は「同族関係（縁組）」という言葉を思いついたのだろう。

長崎の歴史について研究しているジャーナリスト、高瀬毅は長崎市とセントポール市との姉妹都市提携の経緯について、アメリカの国立公文書館およびセントポールに赴き調査を行っている。それによれば、ウィリアム・ヒューズは長崎とセントポールとの都市提携の後、広島とフィラデルフィアの都市提携についても働きかけている旨が記されている（この試みは成功していない）。いずれも原爆が投下された町である。そこにアメリカ側の日米和解に向けた強い意図が読み取れるのではないだろうか。

さて、提携はどのように行われたのだろうか？ 長崎市とセントポールの都市提携について、後日、アメリカのパサディナと姉妹提携をする静岡県三島市関係者が長崎市を訪問している。その時に、日本初となった姉妹都市の経緯について報告している。その調査の結果は『三島民報一九五七年五月二〇日』「国際都市縁組に付て（長崎市視察報告）」に詳しく記されている。

それによれば、一九五五年一〇月二四日にセントポールで行われた結成式には、日本側から駐米大使、シカゴ総領事、日航駐米代表等が招待され、アメリカ側は州知事、上下院議員、州議員等多数参列して盛大に行われている。結成式には長崎市長、議長がメッセージをアメリカに送って祝意を表し、結成式の様子は直ちに長崎市側に報告されている。また長崎市側では一九五五年一二月七日に正式に議会で議決した際、同市からセントポールへ桜の苗木を贈呈している。

姉妹都市提携は申し出のあったアメリカ側で行われ、華々しい祭典になった様子はわかるが、日本からは長崎市長は出席していない。それはなぜだろうか？

長崎市の行き悩み状態

当時、田川市長の訪米に関して、長崎日日新聞の一九五五年一〇月一日付には、「田川市長は〝(九月)二九日セントポール市長から近く公式の招待状を発送する旨の電報がついた〟ことをあきらかに」している。

さらに「田川長崎市長の渡米問題はその後、行悩み状態にあつたが長崎市議会では九月定例市会最終日の三十日本会議休憩中に全員協議会を開いて協議した結果、田川市長のアメリカミネソタ州セントポール市訪問を全会一致で承認した」とある。

姉妹都市提携についてセントポール市からの申し出を受けて、長崎市として市長、市議会がその申し出を検討し、市長の訪米について最終的に市議会は全会一致で了承した事実が述べられている。

「田川長崎市長の渡米問題はその後、行悩み状態」との記述にあるように市長が訪米について逡巡をしていたことが伺える。同紙の九月一四日の記事には、「田川市長も渡米にたいする態度決定を迫られ、十三日脇山議長に対し、議会の意見を聞いて善処したい旨申し入れを行った。一方市議会側では日米親善のため渡米すべきだとの意見が圧倒的で田川市長のセントポール行きは確定的と見られている」とある。

「行悩み状態」の理由、すなわち市長が渡米を逡巡していた理由は原爆を落としたアメリカに対する躊躇があったわけではない。純粋に財政的な問題であった。

同記事には渡航費用について触れ、東京とニューヨークを飛行機で往復した場合、一人につき往復三八万七五五〇円がかかること、そして渡米を決断すればその莫大な費用について外務省に外貨申請を行う予定と記載されている。

意外なことにアメリカによって原爆が落とされ多くの人命が失われた長崎市として、アメリカと姉妹都市提携を行うことにする心理的な抵抗は記事からは全く感じられない。市議会において市長の訪米を全会一致で承諾したという事実がそのことを示している。

外国為替の手続きなどのために実際の田川務市長の訪問は翌年となったが、一九五五年一〇月二四日の国連デーを期しセントポールでは姉妹都市についての結成式が行われ、同年一二月七日にセントポール市議会の締結可決と長崎市議会全員協議会の賛同により正式に都市縁組は成立した。姉妹提携に関する両市間の協定書はなく、長崎市ではセントポール市の議決書をもって姉妹都市提携は成立したとみなしている。

長崎市とセントポールが以前から交流があった形跡はない。全く見知らぬアメリカの都市から「同族都市」という耳慣れない関係を結びたいという申し出を受けて姉妹都市提携を行ったことになる。

都市提携が一体どのようなものであるのか、当時の長崎市の人びとに十分には理解されていなかっただろう。それにもかかわらず、長崎市がセントポール市との姉妹都市提携を決めたことは、終戦からわずか一〇年余りの一九五〇年代半ばまでには反米感情は和らぎ、むしろアメリカに対する親近感、好意的な見方が相当広がっていたのだろう。

ちなみに、長崎市とセントポール市の姉妹都市提携は、後に詳述するアイゼンハワー大統領のピープル・ツー・ピープル・プログラムが開始される前に行われている。アメリカ政府の政策ではなく、自発的にこうしたイニシアチブをアメリカの自治体がとろうとしたことは興味深い。

セントポールが目指したもの

さて、セントポール市側はどのような意図をもって長崎市と姉妹提携を結ぼうと考えたのだろうか。セントポール市で行われた姉妹都市提携の議決書にその意図が表れている。

われわれミネソタ州セントポール市議会はすべての国民間の国際平和と理解を増進するためにわれわれの役割を遂行したいと思う。セントポールの市民は常に国際的な文化的理解並びに親善の増進に関心を示し且つその指導者である。

此の都市提携はこれら両都市間の文化的帯常《ママ》であり、且つ相互応答を可能ならしめる媒介物となる、本市議会は、都市連携は国際理解を都市水準に於て増進する最善の方法であると信ずる。此度の都市提携は、この形のこのような都市提携の最初のものであるから、アジアの諸都市と合衆国の諸都市間の他の都市提携のモデルとして役立つと思う。

セントポール市は日本政府が諸国民間の国際的文化関係並びに恒久的理解に対する相互扶助を増進するために具現した長崎国際文化センターに多大の関心を表明する。われわれは日本の都市長崎の市長田川務閣下の来訪を期待する。そこで、ミネソタ州セントポール市の市議会は本日キリスト紀元一九五五年一二月七日に此の都市提携に対してここに公式の承認を与えるものであることを只今議決する。

一九五五年一二月七日議会採決

一九五五年一二月七日可決

市長　ジョセフ・E・デロン（署名）

（山内圭「長崎市とセントポール市の姉妹都市提携——初の日米姉妹都市交流」『新見公立短期大学紀要第二五巻別刷』による）

本議決書では、「すべての国民間の国際平和と理解を増進する」ことを最初に目的としてあげており、平和の構築と理解の増進の重要性を謳っている。

議決は一九五五年一二月七日になされているが、一二月七日はアメリカにとって真珠湾攻撃の日である。日米の戦争の始まった日に日本と最初の姉妹都市提携を行うことを決めたセントポール市の平和構築についての強い意志を読み取ることができる。

高瀬毅著の『ナガサキ消えたもう「一つの原爆ドーム」』によればセントポール市と長崎市の姉妹都市交流において仲介役を果たしたヒューズに対して、後日、来日時に長崎市文化国際課嘱託のブライアン・パークガフニーが聞き取りを行っている。

一二月七日に提携をしたことに関してヒューズは「あえて同日が提携日に選ばれたのは、太平洋戦争が招いた悲惨な状況から、戦争がいかに不幸な事態を招く愚行であるかを認識した上で、友好提携を結ぶことにより戦争の傷を癒しながら、平和を希求していこうとの精神を込めたものと解される」と述べている。

母の日と仙台市の姉妹都市交流

さて、二番目に古い姉妹都市は、仙台市とカリフォルニア州リバーサイド市との間で提携である。仙台市とリバーサイド市との間には、姉妹締結以前から大学婦人協会を通じた交流が行われていた。その発端は一九五一年五月の母の日に、在仙米陸軍病院に入院中の将兵のもとに大学婦人協会仙台支部の有志から花束が届けられたことである。

リバーサイド市出身のジム・ハルパーソン曹長は仙台に駐留米軍の一人として駐在した経験が

あり、母親に仙台での母の日のプレゼントの話をした。

大学婦人協会リバーサイド支部長を務めていた母親は、地域の一八の婦人団体に働きかけ、仙台に奨学金を送ることを決めた。大学婦人会リバーサイド支部から、一九五三年に大学婦人協会仙台支部に対して、東北大女子学生に対する奨学金が贈られることになり、その後、四年間で四八人の女子学生に奨学金が贈られた。

一九五七年二月、リバーサイド市のデ・ル市長は岡崎仙台市長に親書を送り、その中で都市連盟を結び、文化、経済面での交流を図りたい旨の意思を表明した。またその親書には、リバーサイド市で日本祭りをするので協力して欲しいという申し出がなされていた。さらに日本祭りの際に両市の都市連盟を発表したいという。

この申し出に対して、仙台市の岡崎栄松市長は「生活のあらゆる面で提携を深めていきたい」と即座に返答し、日本祭りに協力するため、地元のこけし、堤人形など一五〇点を発送することを決めた。両市の姉妹都市提携締結の日は、岡崎仙台市長が姉妹都市の申し出の受諾の返書を送った一九五七年三月九日となっている。

仙台市とリバーサイド市の姉妹提携は、長崎市とセントポール市との姉妹都市提携と異なり、姉妹都市提携に至るまでに両市の市民団体の間で四年にわたる奨学金を通じた交流があった。なお、長崎市と同様に、仙台市の場合においても、アメリカから申し出のあった都市間の提携について姉妹都市という言葉は使われておらず、「都市連盟」や「親類の都市」「兄弟関係」という言葉が使われている。

仙台市の姉妹都市提携は、市長の判断だけで姉妹関係が成立をしており、議会の承認の手続きがとられていない。岡崎市長は市議会において議事に諮るまでもなく、市民の了承が得られるとの判断があったのだろう。

姉妹都市という名称

さて、いつごろから「姉妹都市」という名称が使われるようになったのであろうか。姉妹都市はシスターシティの訳であるが、アメリカでも最初は Town Affiliation（町の提携）という言葉が使われていた。それがやがてニックネームのような形で Sister City という名称が使われるようになったのではないかと推測される。そうしたことを受けて、一九六〇年代後半にアメリカの姉妹都市提携をあっせん・管理する組織は一九六〇年代後半に名称をシスターシティーズ・インターナショナルと改名している。

日本では最初の姉妹都市である長崎市の場合には、地元の長崎日日新聞は一九五五年九月四日の記事では「同族都市」や「都市連盟」という名称を使っている。長崎市に次いで行われた一九五七年の仙台市の姉妹都市のケースでは、地元紙、河北新報は「都市連盟」「親類の都市」「兄弟関係」と報じている。同年に行われた岡山市のケースでは「都市縁組」という言葉が用いいられている。同じく一九五七年の大阪市また三島市のケースも「都市縁組」という言葉が用いられている。

おそらく初めて姉妹都市という言葉が用いられたのは一九五七年一〇月に行われた神戸市とシアトル市との姉妹都市のケースである。「シアトル市議会議決文（翻訳）」では、姉妹都市という言葉が出てくる。ところが、一九五八年五月に行われた下田市とニューポート市の場合も都市提携という言葉となっている。まだ用語が統一されていなかったことが伺える。

一九五九年四月に行われた名古屋市とロサンゼルスの提携について、「もたつく姉妹都市」と読売新聞の一九五八年七月一六日付の記事では「姉妹都市」という言葉が現れる。記事の中では「名古屋市は昨年末からアメリカのロサンゼルス市と〝姉妹都市〟縁組の交渉を進めているが」とあり、「〝〟」づけて姉妹都市という言葉が使われている。このことから、一九五八年辺りには姉妹都市という言葉が徐々に使われ出したのではないかと推測できる。

そして一九五九年六月の京都市とボストンについての提携の記事は「京都―ボストンが姉妹都市に」『朝日新聞　一九五九年六月二四日』と、「姉妹都市」が使われ、一九五九年一一月二六日、朝日新聞夕刊には「ふえる「姉妹都市」すでに二十五組が縁づく」という記事がみられる。ようやくこのあたりから「姉妹都市」という言葉は定着したのだろう。

姉妹都市提携のイニシアチブと仲介者

続いて、一九五〇年代の二一の姉妹提携について、提携の経緯、仲介者について見てみよう。一九五〇年代には長崎市、仙台市に続いて一九件の姉妹都市提携が日米の間で行われる。次頁の表はそれぞれの姉妹都市提携についてのきっかけ、仲介者について調べたものである。

この表から読み取れるのは、一九五〇年代には、姉妹都市は相手側であるアメリカ側のイニシアチブが中心であったことである。

このうち日本側の都市がアメリカの都市と姉妹都市を持つことを願い、日本側がイニシアチブを取って始めたのは一九五九年の五件（長野市、名古屋市、旧門司市、京都市、立川市）に過ぎない。しかし、別の見方からすれば一九五五年の長崎市とセントポール市との最初の姉妹都市提携からわずか四年の後に、日本の自治体がアメリカに対して姉妹都市提携を自ら申し出たことは驚くべき積極性といえる。

仲介者を見ると極めて多様性に富んでいる。この中でアメリカ政府が日本の自治体に対して働きかけた事例が七件（岡山市、神戸市、下田市、甲府市、藤沢市、名古屋市、京都市、札幌市）に上る。これはアイゼンハワー大統領の提案したピープル・ツー・ピープル・プログラムに対して、アメリカ文化情報局（USIA）と国務省が側面から支援したためだろう。

1950年代の日米姉妹都市提携

日本側都市	相手都市と提携日	提携のイニシアチブ	仲介者
長崎市	セントポール 1955.12.7	セントポールから	ヒューズ、日本国連協会
仙台市	リバーサイド 1957.3.9	リバーサイドから	両市の大学婦人協会
岡山市	サンノゼ 1957.5.26	サンノゼ及び広島アメリカ文化センターから	広島アメリカ文化センター
三島市	パサディナ 1957.7.24	パサディナから	世界友の会
大阪市	サンフランシスコ 1957.10.7	サンフランシスコから	市の代理から直接
神戸市	シアトル 1957.10.21	シアトル及びアメリカ文化センターから	アメリカ合衆国神戸総領事館
横浜市	サンディエゴ 1957.10.27	サンディエゴから	日系人、日米市長会議で直接
下田市	ニューポート 1958.5.17	ニューポート及び横浜アメリカ文化センター	横浜アメリカ文化センター
館山市	ベリンハム 1958.7.11	ベリンハムから	市長代理、世界友の会
甲府市	デモイン 1958.8.16	デモインから	外務省、アメリカ文化センター
松本市	ソルトレイクシティ 1958.11.29	ソルトレイクシティから	ソ市に馴染みの深い日本人及び現地日系人
藤沢市	マイアミビーチ 1959.3.5	藤沢市から	アメリカ文化センター
長野市	クリアウォーター 1959.3.14	長野市から	直接訪問、アメリカ文化センター
名古屋市	ロサンゼルス 1959.4.1	名古屋市から	駐米日本大使館
北九州市	タコマ 1959.6.8	北九州市から	シアトル市長
広島市	ホノルル 1959.6.15	ホノルルから	日系人、直接
京都市	ボストン 1959.6.24	京都市から	駐日アメリカ大使
北九州市	ノーフォーク 1959.7.14	ノーフォークから	両市が直接
静岡市	オマハ 1959.10.16	偶然の出会い	両市が直接
札幌市	ポートランド 1959.11.17	ポートランドから	外務省、ポートランド総領事館
立川市	サンバーナディノ 1959.12.23	立川市から	立川基地情報部

『日本の姉妹都市 1990年版』国際親善都市連盟編集・発行、1990年より著者作成。

アメリカ文化情報局の下部機関であるアメリカ文化センターでは、『あなたの都市は世界につながる』という日本語で姉妹都市を説明した冊子を作成していた。姉妹都市の打診を下田市に対して行った横浜のアメリカ文化センターのリー館長は下田市を訪問した際、この文書を手渡し姉妹都市について以下のように述べている。

「戦争のためではなく、平和の橋渡しとしてジェット旅客機が一、二年のうちに羽田空港に飛んでくる。そうなれば日本に何千人という観光客がやって参ります」

「この都市提携というものは、役所と役所のとりきめではなく、市民と市民の結びつきであります。市民と市民が実際に両者に良いと思うことをやるのであります。この都市提携事業はアイゼンハワー大統領が提唱した、ピープル・ツー・ピープル計画に基くものであります。世界平和の基礎は、人と人の結び付であるのであってアメリカ外交官の一員として之を強調したいと存じます。都市提携の傾向として兎角派手になる傾きがあるが、そうする必要はないと思います」

「意見の交換、学生、教師の交換等無理のない方法でやってゆくかなくてはならないものと思います。即ち金の面からのみ考えず、奨学金制度を設けるとか、弁護士は先方の弁護士と情報交換とか、いろいろと考えてやればいい。物資の交換にしても必ずしも高い贈物を計画する必要はない。下田の風景をかいた学童の作品絵画の交換或いは特産物等考えれば金の掛からない交換ができるのであります。各地の都市提携の状況を見るとこうした点で色々と日米両国間に誤解があるので、下田はその轍を踏まないように、誠に不躾であるが特に申し上げたい」

当時、日本各地に配置されていたアメリカ文化センターは、積極的に姉妹都市提携の斡旋を行うとともに、交流のあり方について日本の自治体を訪問して、具体的なアドバイスを行っていた。この中に「金のかからない交流ができる」「各地の都市提携の状況を見るとこうした点で色々と日米両国間に誤解がある」との発言がある。

下田市の姉妹都市提携は八番目であるが、それまでアメリカと姉妹都市提携をした都市は、長崎市、仙台市、岡山市、三島市、大阪市、神戸市、横浜市と三島市を除けば府県庁所在地の大都市であり、お金をかけた交流が行われていたと想像できる。またそのことが本来の姉妹都市交流の趣旨ではなく、それによってアメリカ側の意図と違う交流になっていることを指摘している。

アメリカの姉妹都市に対する積極的な対応に呼応して、日本の外務省がアメリカとの姉妹提携の斡旋を行った事例として三件（甲府市、名古屋市、札幌市）ある。日本政府もアメリカからの姉妹都市提携の動きを歓迎していたようだ。京都市の高山義三市長は、一九五九年八月二七日に首相官邸で岸総理と面談し、京都市としてボストンとパリとの間で姉妹都市提携をする計画を説明し、快諾を得ている。この面談で岸首相は「国際平和のためたいへん結構な話なので、ぜひ実現してもらいたい」と全面的な賛意を示している。

構想された交流事業

アメリカと提携をした日本側の都市はどのような交流を想定していたのだろうか。『三島民報』（一九五七年六月一五日「予想される事業の内容　国際都市縁組と三島の構想」）では、三島市国際都市縁組事務局の考えとして以下を紹介している。

姉妹都市交流に関して、「日米親善友好関係は従来国単位、個人単位であったが、これを一ブロック（都市）単位で恒久的に深い繋がりとして互いに助けあい対等の交際をする目的の下に一都市全部が総ゆる面で交際するもので個人の縁組と同じものである」と解説している。

さらに三島市とパサディナとの縁組での交流の可能性として、（一）小中学生の絵画の交換、（二）市民の手紙の交換、（三）中学生や一般人の写真の交換により観光写真展の開催、（四）伊豆箱根富士を含める観光振興研究会を三島市が中心になって作る、（五）パ市の特産サンキストオレンジを遺伝学研究所の指導によりこちらへ移植する、（六）世界友の会の斡旋により各国の種子を集め三島へ世界植物園をつくり修学旅行などの諸団体は必ず三島に廻るようにする、（七）浮世絵などをパ市へ送り展覧会を開催し入場料九〇円をとり三〇万人入れば二千七百万円となりその半額は留学生派遣などに使える、などの極めて具体的な計画を上げている。

五月一七日の議会全員協議会には市長のほか、姉妹都市交流を斡旋した世界友の会の職員も同席して質疑に答えている。

議員からのパサディナ市が一方的に三島市を提携の相手に決めたのをどう考えるかという質問に対して、市長は「アメリカは気が早い、嫁が馬鹿に気に入ったのかもしれない」と答えている。また「アメリカの都市とは不釣り合いではないか」、「つり合わぬは不縁のもととの言葉もあり後日になってそんなつもりはなかったとかいう心配もある」との発言に対して市長は「百万長者の家へ娘がやってきて財政的におつき合いできかねるという懸念については私も初め思ったがその制約はないようだ」と答えている。

さらに市長は「事務的には市がやらなければならないが、文化協会とか文化人、労働団体、ロータリーなどが委員会をつくり仕事を進め経費は市が出すべきだと思う」と市の積極的な関与の姿勢を述べている。

一方、『三島民報』の新聞記者のコラム「関所」では、姉妹都市についての懸念が示されている。「三島市とパ市との縁組については市民間にかなり危惧を抱く者が多いようだ。本社への最近の投稿に『松田市長は市民の血税を莫大に消費しようとしている。すでに臼井商工課長をつれて長崎に行った。仙台や長崎のような大都市のマネをしてこんなことで浮ついてとび歩くことは市民のためではなく、自分の名誉欲である。こんな金があるなら市民が困っている道路を直すとか社会福祉の方へ回して困っている人を救ったほうが何んぼかましである』」と市民の財源面での不安を紹介している。

こうしてみると姉妹都市提携についての市民の不満や不安は、資金が最も重要な関心事であったといえる。意外なほどに日本と敵対したアメリカに対する不信感は表れていない。長崎市でのケースと同様に、財政上の負担が一番の心配事と考えられていたことがわかる。

幼稚園同士が提携

続いて札幌市とポートランド市の姉妹都市交流の例を紹介しよう。両市の交流の特徴は市民レベルの交流の活発さにある。一九五九年一一月一七日の両市の姉妹都市締結は、ポートランド市の代表団が札幌を訪れて行われ、その際、ポートランドの象徴ともいえるバラが寄贈されている。

翌年の一九六〇年には、札幌市からポートランド市に対して、映画「札幌のプロフィール」と「雪まつり」の送付、さらに小中学生の図画作品が送られている。また札幌から派遣団がポートランドのバラ祭りに参加し、さらに世界一周産業使節団と世界経済事情視察団が旅程の一部としてポートランドを訪問している。一方、ポートランド市から札幌市に対しては、オレゴン松苗千本の寄贈、映画「上水道ブルラン」の送付、東洋貿易視察団の訪問が実施されている。

さらに特筆すべきことは、市内の様々な団体が姉妹提携を行ったことだ。いづみ幼稚園、北大交響楽団、南高校、札幌東ロータリークラブ、全日本写真連盟札幌支部がそれぞれポートランドの同様の組織と姉妹団体となっている。

いづみ幼稚園とポートランドのロバート・グレイ小学校との提携は一九六四年一一月に行われたが、すでに一九六一年からいづみ幼稚園側の希望によって手紙の交換が始まっていた。一九六七年にはいづみ幼稚園の穴倉園長が原田札幌市長とともにポートランドを訪問した。その際、ポートランドの姉妹小学校の児童は「夕焼け小焼け」の合唱で出迎え、園長を驚かせたという。その後、いづみ幼稚園とロバート・グレイ小学校の間でクリスマスカードの交換が行われたほか、いづみ幼稚園からは園児の歌や器楽演奏のテープ、雪まつりの写真が送られ、ロバート・グレイ小学校からは、児童の合作メッセージ、リズム体育に関する資料が送られた。

一方、札幌の南小学校は一九六六年にメリーズビル小学校と提携を行った。これに伴い、南小学校では、一九六七年に各学年から一名ずつで組織した「姉妹都市提携委員」を創設した。また同小学校ではポートランドの事情に詳しい三浦祐昌北大教授を招いて、教員、父母も参加して講演会を実施している。また学童の学校生活をまとめた八ミリ映画を作成し、南小学校の能登谷校長がポートランドを訪問してメリーズビル小学校に届けている。

帰国後、校長は教員や父母に対してスライドを交えて姉妹校であるメリーズビル小学校の実情やアメリカの生活実態についてＰＴＡや学童に講演している。半世紀近く前、海外旅行自体が極めて珍しい時代に、極めて活発に幼稚園や小学校で姉妹交流が行われていたことは極めて先駆的といえるのではないだろうか。

札幌市は活発な市民交流を受けて、これをさらに進めるべく一九六八年に全国初の自治体による外国人ホームステイ受け入れ制度を設けた。札幌市は開放的な土地柄のせいか、その後、ドイツ、ロシア、中国、韓国の都市と姉妹提携を結び、それぞれの都市と活発な交流を実施している。

アメリカに対する日本人の意識

さて、当時のアメリカに対する日本人の意識について考えてみたい。これまで述べてきたのは、戦争の苦い記憶にもかかわらず、日本人がアメリカとの姉妹都市交流に積極的に参加をしてきたという事実である。当時の対米意識はどうだったのだろうか。

考えてみれば一九六〇年の日米安保条約の改正の際には、死者が出るほど安保に対する反対運動が強まり、大規模な反米デモが繰り広げられた時期だった。そうした時代と重なる時期に行われたのにもかかわらず、なぜアメリカとの姉妹都市交流はスムーズにいったのだろうか。

敗戦直後から、日本では戦争への反省とともに、世界平和を望む幅広い国民意識が広がっていた。占領初期にアメリカが日本に与えた平和主義と民主主義に基づく新憲法は、当時、多くの日本人の共感を得ていた。

しかし、冷戦がはじまるとともに日米の蜜月状態に影が差し始める。アメリカ政府はソビエト共産主義に対して封じ込め政策をとるようになり、一九四七年には日本共産党主導の二・一ゼネストに対して、連合国最高司令官総司令部（ＧＨＱ）が中止命令を出した。トルーマン政権では日本の再軍備を容認する答申が行われ、一九五〇年には朝鮮戦争が始まり、米ソ関係がさらに悪化すると、アメリカは非武装中立の憲法を脇において日本に再軍備を迫るようになった。

一九五〇年代の動きを概観すると、一九五〇年には自衛隊の原点となる警察予備軍が創設されたほか、日本でもアメリカに続きレッドパージが開始されている。一九五二年には海上警備隊が新設されすぐに警備隊に改編、さらに警察予備隊は保安隊へと改編された。二年後の一九五四年には自衛隊へと改編された。

一九五五年にはアメリカ政府の支援を受けて保守党である自由民主党の結党へとつながった。さらに一九五七年にはA級戦犯容疑者であった岸信介が首相に就任し、一九六〇年には日米安保条約の改定が行われた。

当時、多くの日本人はこのアメリカの態度変容に戸惑い、冷戦体制に日本を組み入れようとするアメリカに対して次第に反米感情が高まるようになった。

新たに生まれたアメリカに対する反感の意識について、歴史家、本間長世は「占領体験や、強大なアメリカの国力の前での無力感や、外国人であるアメリカ人に日本の領土から出ていってもらいたいという伝統的な外国人嫌いの感情があるであろう。しかし、反米主義のレトリックにおいては、平和主義と民主主義が二大原理として働いているのである」と指摘している。

つまり、当時の進歩的知識人といわれる人々は、新憲法の平和主義を死守すべく、それを反米主義という形で守ろうとした。日本政府がアメリカの圧力を受けてなしくずしに日本の再軍備を行うにつれ、平和憲法を与えたアメリカに対して反対運動を行うという皮肉な結果となった。巷では「ヤンキーゴーホーム」が叫ばれ、アメリカに対する非難の声が高まっていた。マスコミには左翼的知識人の影響を受けて反米的な意見が多く現れた。しかし、こうした社会風潮にもかかわらず、意外に国民全般には親米主義が広がっていたようだ。

歴史学者の五百旗頭は「世論調査によれば、戦後の時代、概して日本国民の五〇パーセントが「アメリカ好き」と答え、一〇パーセントにも満たない「アメリカ嫌い」を大きく引き離していた」と指摘する。反米的な雰囲気が渦巻いていた日米安保の時代であっても、アメリカへの親近感は高いレベルを維持しており、一般市民の間では、アメリカ文化に対するあこがれが根付いていたといえるだろう。

このような日本人のアメリカに対する見方が複雑に入り混じる時代背景の中で、当時の姉妹都市提携は行われた。冷戦期に日本はアメリカ陣営に組み込まれることになり、またそれはアイゼンハワー大統領が意図した政策に沿った形で姉妹都市が広がったともいえる。

しかし、現実には、日本の自治体として冷戦構造下でアメリカに加担するために姉妹都市提携を行うといった形跡は見られない。むしろ、市民レベルでは、かつての敵国であったアメリカと姉妹提携をすることで、世界とつながり、そうした海外との交流を重ねることが平和の貢献につながるという、よりおおらかな意識が根底にあったといえる。

一九六〇年代以降もアメリカとの姉妹都市は増え続け、姉妹都市の数ではアメリカはナンバーワンの位置を当初から維持し続けている。アメリカの魅力は時代を経ても変わることがないのかも知れない。

次章では日本から世界に目を向け、ヨーロッパとアメリカの姉妹都市提携の起源を探ってみたい。両者の間にはそれぞれ異なる目的や方法があったことがわかる。

参考文献

『読売新聞　一九五七年三月八日』「〝都市連盟〟で親善を」

『河北新報　一九五七年三月九日』「太平洋をはさんで手をつなぐ二都市」

『河北新報　一九五七年三月一二日』「『こけし』などの銘産贈る」

『河北新報　一九五七年五月一〇日』「はなやかに一週間　リバーサイド市の『日本祭だより』」

『三島民報　一九五七年五月二〇日』「予想される事業の内容　国際都市縁組と三島の構想」

『三島民報　一九五七年五月二〇日』「国際都市縁組に付て（長崎市視察報告）」

『三島民報　一九五七年六月一五日』「関所　市長の出張」

『読売新聞　一九五八年七月一六日』「もたつく姉妹都市」

『下田町報　一九五八年八月二五日』「平和の架け橋都市提携　リー館長を迎え都市提携委員会を開く」

『朝日新聞　一九五九年六月二四日』「京都―ボストンが姉妹都市に」

『読売新聞　一九五九年八月二八日』「首相も賛成、京都の『姉妹都市』盟約」

『朝日新聞　一九五九年一一月二六日』「増える姉妹都市すでに二五組が縁づく」

外務省内部文書　発信、藤山外務大臣から在米朝海大使あて、北米一九三号　昭和三四年三月四日。主管北米課

情第一二一九号　昭和三四年三月一八日　在米特命全権大使　朝海浩一郎から外務大臣　藤山愛一郎宛
サンフランシスコ和田総領事から外務大臣宛の内部文書。桑情第四〇六号、昭和四〇年五月二八日。「姉妹都市提携について」
本間長世「日米関係の歴史的展望」『日米関係の展望』武者小路公秀、ハーバート・パッシン編、サイマル出版、一九六七年
田中正明『世界連邦その思想と運動』平凡社、一九七四年
『長崎市の姉妹都市交流三〇年の歩み』長崎市、一九八五年
『日本の姉妹都市　一九九〇年版』国際親善都市連盟編集・発行、一九九〇年
『河北新報　一九九一年一〇月二日』「次代へ結ぶ友情の歴史」
久保田治郎「地方自治体の国際化施策と今後の展望（一）」『地方財務　一九九四年四月号』ぎょうせい、一九九四年
『札幌・ポートランド姉妹都市提携三五年のあゆみ』札幌市総務局国際交流課、一九九五年
山内圭『長崎市とセントポール市の姉妹都市提携——初の日米姉妹都市交流』新見公立短期大学紀要第二五巻別刷、二〇〇四年
五百旗頭真「日本の見るアメリカ」『アジア研究 Vol. 50, No. 2, April 2004』
『長崎・セントポール市姉妹都市提携五〇周年記念誌』長崎市国際課、二〇〇六年
高瀬毅『ナガサキ消えたもう一つの「原爆ドーム」』平凡社、二〇〇九年

第2章

欧米の異なるアプローチ

ヨーロッパの姉妹都市の起源

ヨーロッパの二八ヵ国が加盟し、その総人口は五億人に達し、面積では日本の一一倍の広さを誇るEU（欧州連合）。その成り立ちに姉妹都市が深く関わっていることをどれだけ多くの日本人は知っているだろうか。

第二次大戦直後、ヨーロッパでは敵対した国民同士の和解をはかろうと様々な試みがなされていた。その一つが姉妹都市提携という旧敵国の都市同士、そして市民同士の交流を進めようという動きだった。

国が始めたのではない。民間人によって構想が練られたのである。スイスの著述家ユージン・ワイラー（Dr. Eugen Wyler）は、第二次世界大戦によってズタズタに信頼関係が引き裂かれたヨーロッパ域内の和解を進めるために画期的なアイデアを思いついた。それは敵国同士だったフランスとドイツの市長を一堂に集めて話し合いをさせようというものだった。

戦争はすでに終結している。しかし、両国民の間には深い溝があった。国境を接した両国の間では血なまぐさい戦争の傷跡が深く両国民の心に刻まれていた。政府レベルでの和解が進んだからといって国民の意識が簡単に変わるはずはない。

ワイラーは戦争終結後二年目の一九四七年にベルリンで独仏両市長が参加する会議の開催を試

みる。しかし、フランス側の市長が欠席したために失敗。フランス側の反発は強く、そうした会議に参加する市長はいなかった。

しかし、ワイラーの試みは続く。翌一九四八年六月、スイスのジュネーブ湖畔の町モンペルランでようやく一五名の独仏市長を集めることに成功した。その際、対立を招きやすい過去の戦争を直接的なテーマとはしなかった。また各国の事情を話すこともなかった。将来を見据えて独仏の垣根を超えた「ヨーロッパ人とは何か」を会議のメインテーマに据えた。

この会議でワイラーは「フランス人、ドイツ人としてとらえるのではなく、ヨーロッパ人としてお互いを考えたい」と発言している。まだ戦争の傷跡が生々しい時代に、和解を飛び越えて、現在のEUにつながる統一ヨーロッパへ向けた夢を議題に据えた。

しかし会議当初、ワイラーの思惑通りには進まなかった。両国の参加市長は深い戦争の傷跡と対立感情から重苦しい雰囲気に包まれたという。それを救ったのは、あるドイツ人市長だった。彼はドイツがフランスのノルマンディを占領していた時、地元のフランス人から好感を持たれていた軍人だったのだ。

フランス側は旧知のドイツ人市長がこの会議に参加していることで態度を変え、議論はようやく進展を見せた。将来のEUにつながる種がこの時、蒔かれたのだ。

会議の主催者であるワイラーが両国の自治体同士の和解に目をつけたのには理由があった。第二次大戦の元凶となったのはドイツの全体主義である。その全体主義が再び台頭することを抑止するには、個人の自由と人間の尊厳を徹底する必要がある。中央集権的な国では上から下への号令のもとに再度、全体主義が復活しかねない。自由の土台となるのが中央政府から自立した自治体、コミュニティの存在と考えたのだ。

実際、ドイツは第二次大戦後、州政府の中央政府から独立性を保証する連邦制を採用したが、それには全体主義の復活を恐れるフランスの意向が反映されていたといわれる。

ワイラーらが始めた独仏市長会議はその後、一九四九年にスイスのビュルゲンストックで開催され、九人のフランス市長、一六人のドイツ市長が参加した。ここでは相互不信はすでに払拭され、相互の国際理解を広げるため、学生交流、文化交流、メディア交流、情報交流の実施を決めた。

第三回の市長会議は一九五〇年五月三〇日にシュツットガルトで開催され、四八の独仏市長が集まった。この会議は単なる自治体の集まりではなく、両国政府の主催による会議として行われ、「独仏の相互理解とヨーロッパ協力のための国際市長同盟」（ＩＢＵ）が発足することになった。独仏の和解から始まった動きが全ヨーロッパを見据えた動きへと急展開したのだ。

ＩＢＵはその目的として、独仏間の継続的な理解を深めること、独仏の参加都市間の関係を発展させること、そして将来のヨーロッパの統一を目指して、個人の自由と人権を擁護することを掲げた。戦争の終結からわずか五年。ヨーロッパは統一に向けて着実な一歩を踏み出した。

こうして始まった独仏の市長交流ではその後、毎回交流する相手を異にするのではなく、特定の都市との交流のほうが望ましいと次第に考えられるようになった。それは当然だろう。そのほうが効果的に交流が行われ、継続した関係を持つことができるからだ。

一九五一年にはスイスのロカルノで会議が行われ、一九五二年にはオーストリアのインスブルックでＩＢＵの会議が開催された。この会議ではＩＢＵの実践行動ガイドラインが定められるとともに、初めて姉妹都市を意味するPARTNERSTADTが継続的な都市交流を意味する言葉として用いられた。

会議に参加するという形式から、都市同士が永続的なパートナーとなり交流を行うという新たな取り組み、姉妹都市の原型がこのとき誕生した。ワイラーの最初の試みから四年。おそらくワイラーは姉妹都市を想定して始めたわけではなかっただろう。しかし、その後、ワイラーの試みは姉妹都市として、独仏に限らず、全ヨーロッパに広がっていった。ヨーロッパの姉妹都市はこのように独仏の和解の努力が生み出した産物なのである。

独仏をつなぐ姉妹都市交流

では具体的にどのような交流が独仏の都市の間で行われたのだろうか。

一例として、ドイツのフライブルクとフランスのブザンソンとの姉妹提携を取り上げてみよう。

両市はそれぞれの国の国境にほど近く、歴史的にも深いつながりを持っていた。

姉妹都市のきっかけは、一九五七年三月にフライブルクの市長からブザンソン市長への姉妹都市を打診する手紙である。この申し出を受けてブザンソン側では、戦争時の記憶から野党から反対の声明も出された。

しかし、最終的に一九五八年六月にはブザンソンの議会の了解が得られ、一九五九年六月に正式に姉妹都市提携の調印が行われた。両市の間では、戦争によって荒廃した生活の質の向上が交流の大きなテーマとなった。相互の市民の生活の向上を図るための情報交換に力が入れられたという。

一九六三年、ドイツとフランスの間で独仏協力条約（エリゼ条約）が締結されると、両国の姉妹都市提携は政府が認定する事業として正式なお墨付きが得られるようになった。姉妹都市についての一般市民の理解が広がる一大契機となった。草の根から始まった取り組みが両国の政府レベルでしっかりと位置づけられたのだ。

姉妹都市交流では、市民同士の友情が育まれるとともに、専門家同士は共通のテーマについて有意義な情報交換を行う。青少年の交流や文通とともに、お互いの地域の発展に役立つ交流、協力が徐々に実施されていった。

さて、エリゼ条約は独仏間の和解を推進するための画期的な条約だった。パリのエリゼ宮でフランスのド・ゴール大統領と西ドイツのアデナウアー首相が調印したこの条約には、両国の閣僚が定期協議を行うことが規定され、その後数十年をかけて両国トップの意思疎通が行われ、その結果、協力関係に大きな進展をみた。またこの条約の進展こそが欧州統合の推進力となったのである。

エリゼ条約ではトップ同士の意思疎通が図られただけではない。国民レベルで徹底した和解と交流を進めるための政策も大きな柱となっている。両国政府はこの条約に基づき独仏青少年事務所を創設し、両国間の大規模な青少年交流を行った。また相互に言語を学ぶ機会を増やすとともに、独仏二ヵ国語放送局の創設、また独仏一八〇の大学が参加する独仏大学も設立された。さらに両国の戦争の時代を含む共通の歴史教科書も作成された。

もちろん、姉妹都市交流も、独仏間の和解と相互理解のための重要な手段として大いに活用された。独仏間には二〇〇〇を超える姉妹都市提携が結ばれ、他の交流とともにEU（欧州連合）を形成するための土台としての役割を果たしてきた。

EUの発展過程は通常、ECSC（欧州石炭鉄鋼共同体）の発足、EEC（欧州経済共同体）、EC（欧州共同体）からの進展として捉えられることが多い。しかし、その裏側には、欧州全域での姉妹都市交流をはじめとする国境を超えた無数の交流の蓄積があった事実は決して忘れてはならない。

現在、ヨーロッパの姉妹都市提携は欧州域内を超えて、日本を含むアジア、アメリカ、アフリカ、中東などとも交流の輪は広がり、グローバルな活動へと発展している。さらに単なる友好親善ではなく、途上国の農村開発や教育支援といった国際協力活動を姉妹都市交流の枠の中で実施する動きも活発化している。都市同士が連携し、顔の見える関係の中で先進国の市民が途上国の市民を支援するという活動が行われているのである。

アメリカ起源の姉妹都市

姉妹都市にはもう一つ別の流れがある。それがアメリカ発の姉妹都市交流、ピープル・ツー・ピープル・プログラム（People-to-People Program）から派生する動きである。

日本では姉妹都市提携の端緒として必ずとりあげられるのがこのアメリカのピープル・ツー・ピープル・プログラムだ。これはアイゼンハワー大統領が一九五六年から提唱した政策であり、この政策によってアメリカの姉妹都市は大発展を遂げる。しかし、興味深いのはアメリカではそれ以前から姉妹都市提携は行われていた事実である。

移民によって成立したアメリカでは移民元であるヨーロッパの都市と自然発生的な交流があった。特定のヨーロッパの都市からの住民が集住してアメリカで町を作ったケースもあり、その人的なつながりが都市同士の交流、そして姉妹都市へと発展した。

そうした例にスイスのベルンとアメリカ・ノースカロライナ州のニューベルンが上げられる。ニューベルンはノースカロライナ州で二番目に古い町であり、一七一〇年にスイスのベルン出身のクリストファー・デ・ガラフェンリード男爵によって建設され、両市はそれ以来、姉妹都市として活発な交流を続けている。

第二次世界大戦前のアメリカでの姉妹都市提携には、主に二つの起源がある。一つはニューベルンにみられるように移民元の地域との提携のケースである。もう一つは偶然、同じ名称を持つ都市同士の連携である。後者の例としてオハイオ州のトリード（Toledo）とスペインのトレド（Toledo）の例がある。

両者はたまたま同じ名前の都市であることから交流が始まり、一九三一年にスペインのトレドがアメリカのトリードからの訪問団を招待した。その後、両市の交流は進み、最初に訪問団が訪れた一九三一年を姉妹都市提携の年としている。ミネソタ州の小市であるモンテビデオ（Montevideo）とウルグアイの首都モンテビデオ（Montevideo）も、同名故に一九四六年から姉妹提携が結ばれている。

第二次大戦後になると、新しい形の姉妹都市提携が始まる。戦争で荒廃したヨーロッパの都市を救済する仕組みとしてアメリカとヨーロッパ各国との間で姉妹都市提携がさかんに行われるようになる。例えばアメリカの都市ウエストポイントはフランスのマリニィと姉妹都市となり、食料や衣類が市民から届けられた。その後も、子どもへのクリスマスのギフトなどの交換が行われたという。

ピープル・ツー・ピープル・プログラム

このように自然発生的に行われていたアメリカの姉妹都市は、アイゼンハワー大統領によって転機を迎え、外交戦略の一環として取り組まれるようになる。それがピープル・ツー・ピープル・プログラムである。戦後の姉妹都市の大発展につながるピープル・ツー・ピープル・プログラムは一九五六年、アイゼンハワー大統領によって提唱された。市民を主体とする外交とは一体、どのようなものだったのだろうか。

一九五六年五月三一日付けのホワイトハウスからのプレスリリースの冒頭は以下のように記されている（著者訳）。

「（アイゼンハワー）大統領は六月一二日、多様な分野を代表するアメリカ市民のグループをホワイトハウスに招き、世界とのよりよいピープル・ツー・ピープルのコンタクト、そしてパートナーシップの事業の可能性を探る予定である。大統領は彼らからピープル・ツー・ピープル・コンタクト（政府によるコンタクトと対比して）についてのアイデアや支援を得ようと考えており、これは海外の人々との相互理解と世界平和を促進することを目的としたものである。招待された市民は当日、大統領及び国務長官、その他の政府の高官と協議を行う予定である」

ピープル・ツー・ピープル・プログラムとは、一般市民や市民組織が外交の担い手となり、海外の市民と直接交流することで、相互理解と世界平和を達成しようというアメリカの外交方針だった。

このプレスリリースではさらに大統領からの手紙の内容を紹介し、大統領はその中で「もし、異なる二つの生活方法についての偉大な戦いにおいてアメリカのイデオロギーが最終的に勝つとすれば、何千もの独立した私的集団や組織の活発なサポートが必要であり、海外の人々と個人レベルで行動する数百万のアメリカ市民の協力が必要である」と述べている。

この異なる二つの生活方法とは何のことだろうか。これはアメリカとソ連を指す。当時、世界を二分していた米ソ対立を意味しているのだ。アメリカ人の生活や考えを市民の動員で世界に広め、米ソ対立に勝利しようという考えが働いていたのである。つまり、アイゼンハワー大統領は厳しさを増す米ソ対立の中で、国民の応援を求めたのだ。

六月一二日に招集された市民代表者は三〇分野、三三人に上り、教育関係、農業、美術、ホテル、漫画家、出版、広告、ビジネス、労働、宗教、スポーツ、女性、旅行、芸能など、まさにアメリカのあらゆる分野に及んだ。まさにアメリカ社会全体がこの事業に巻き込まれたといってよいだろう。

さらに九月一一日のピープル・ツー・ピープル・プログラム会議で大統領は、ピープル・ツー・ピープル会議の目的として、「今日の世界で最も重要な持続的な平和へのプロセスを作り上げること」と述べている。そして、すべての国民は平和を望んでいる以上、政府を飛び越え、必要ならば回避し、お互いについて少しずつ学び合うあらゆる方法を市民レベルで実行することが重要だと主張した。

さらに「共産主義ではあらゆる物事が国家の管理下に置かれ、詳細に決められた広範なプロパガンダによって始められており、すべての人々がそれに同調しており、大成功を今のところ収めている、しかしこれは武力の威嚇をともなったものだ」と指摘する。それに対比して「われわれのやり方は、一億六八〇〇万人のアメリカ国民それぞれの発意や行動、考えに基づくものであり、枠を超えた相互理解こそが最後に勝利する」という。世界平和という誰も反対できない名目の一方で、ソ連への沸々とした対抗意識が根底にあったことは間違いない。

その後発行されたピープル・ツー・ピープル・ニュースには各委員会の活動状況が細かく報告されている。一九五六年一〇月発行の一号及び二号では、七つの委員会で海外からアメリカに来る旅行客に対してのホスピタリティプランを立てていることや、文通委員会では海外の文通先を積極的に開拓していることなどが報告されている。アメリカ流の「おもてなし」もその一環として推進された。また全国の新聞がピープル・ツー・ピープル・プログラムを取り上げ、各委員会も国内での広報活動に積極的に取り組んでいることが示されている。

市民委員会と姉妹都市

この鳴り物入りで始められたピープル・ツー・ピープル・プログラムの事業の一つが姉妹都市交流だった。当時、このように数多くの事業が始められたが、半世紀以上を経て、現在まで続いているのは姉妹都市だけである。その事実を考えると、姉妹都市交流には他の事業にない特別な魅力があったといってよいのだろう。

さて、ピープル・ツー・ピープル委員会の一つとして市民委員会があり、この委員会の活動の重要な柱として都市提携が採り上げられた。当時は姉妹都市という表現は未だなく、都市提携という言葉が使われていた。

市民委員会は地域のボランティアグループを代表する委員会だった。初代委員長のマーク・ボートマン（Mark Bortman）は精力的に海外を訪れ都市提携に奔走した。その結果、一九五六年の時点では四〇ほどしかなかったアメリカの都市提携は同氏が亡くなる一九六七年には五七ヵ国三五〇以上にまで増えていた。この急増は政府のイニシアチブに同調する自治体が極めて多かったこと、そして市民が主体的に世界と交流するという当時として画期的なアイデアに多くの市民が共鳴したからと思われる。

ボートマンは、都市提携について「長期間にわたるコミュニティの提携によって実施される事業の長所は、何十もの異なるタイプの文化的、社会的、経済的な事業、交流が行われ、自治体職員、地域団体、コミュニティの多くの人々が参加をすることである」と述べている。単なる市役所同士の交流ではない。市民同士が交流することの重要性を強調している。

市民委員会では都市提携の活動を広げるためには全米の自治体の協力が必要と考えた。そこで一九五七年の初めに、当時のアメリカ市協会（現在の全米市連盟）に対して協力を求めた。同協会はこれに同意し、一九五七年七月二四日、都市提携に関する仲介組織として国際都市協力委員会をアメリカ市協会の中に開設した。その結果、初めて都市提携ディレクターの名称を持つ責任者が置かれることになった。いよいよ都市提携を本格的に開始する準備体制が整ったのである。

一九五八年二月二七、二八日には、最初の都市提携会議がワシントンＤＣで開催された。ボートマン委員長はこの会議で「都市提携事業は互恵的なものであり一方通行のものではない。事業を成功裏に導き意義あるものであるためには、われわれと海外の相手方の双方にとって有益なものでなければならない」と述べている。

これはアイゼンハワー大統領が当初、想定したアメリカ文化を世界に波及させるという目的を超えるものといえる。有効な交流であるためには決して一方通行であってはならないことが意識されている。政府の思惑を超えたこのような意識が根付いたからこそ、姉妹都市はその後、大発展を遂げたのではないか。単なる政府のプロパガンダの片棒担ぎであれば、あっという間にしぼんでいった可能性がある。

さて、この会議では参加を希望する自治体に対しての都市提携についてのガイドラインが作られ、定期刊行物の発行が決定された。その後、都市提携の関係者の間には、正式な全国的な組織が必要との考えが広がり、一九六七年六月一二日に、都市提携協会が設立された。その後しばらくして、組織の名称はシスターシティーズ・インターナショナルに変更された。「姉妹都市」がここで正式な名称として初めて使われることになる。

姉妹都市という名称

さて、姉妹都市という名称について明らかにしておこう。姉妹都市は、アメリカで使われるSister Cityを翻訳したものであることは明らかだ。実は同じ英語圏でも、英国ではSister Cityとは呼ばずTwin City（双子都市）という言葉が用いられる。もし、日本にとってヨーロッパとの姉妹都市提携が大勢を占めていたら、姉妹都市とは呼ばずに「双子都市」という名称が広がっていたかもしれない。

さて、フランスでは姉妹都市はJumelage（双子）、ドイツではPartnerstadt（パートナー都市）という言葉が用いられている。しかし、世界的にはアメリカの影響は強く、アジアや英語圏のアフリカでは日本と同様に姉妹都市（Sister City）が通常使われている。

姉妹都市について最初に疑問として浮かぶのは、なぜ兄弟ではなく「姉妹」なのかということだろう。「都市」という言葉が、ヨーロッパの主要言語で女性名詞であるためというのが定説である。都市同士が肉親のような親密な関係を持つことを「姉妹」都市という表現で表したのである。

一方、ロシアでは兄弟都市という名称が使われる。これはロシア語で都市は男性名詞であるためといわれる。また漢字圏の中国では、「姉妹」であればどちらの都市が姉で妹かという上下関係の議論になるのを避けるために、「友好都市」という名称を用いる。

姉妹都市というと市町村のイメージが強いが、都道府県の全てが海外に姉妹都市を持っている。二〇一七年一一月末現在、最も姉妹都市の多い都道府県は北海道である。道内の七四の自治体が一二六の姉妹都市提携を行っている。また最も少ない提携県は徳島県で六市町が一〇の姉妹都市を持っている。

姉妹都市の相手側の国・地域は二〇一七年一一月現在、六七を数え、最も多い相手先はアメリカ（四四九）であり、以下、中国（三六三）、韓国（一六三）、オーストラリア（一〇八）、カナダ（七〇）、ブラジル（五七）、ドイツ（五四）と続く。なぜブラジルが六位に入っているかといえば、日本からブラジルへ移民をしたことが姉妹提携のきっかけになっているケースが多いからだ。

さて、こうした日本の姉妹都市交流についての情報は、自治体国際化協会によって取りまとめられている。自治体国際化協会とは、かつての自治省が中心となって外務省、文部省に働きかけて作られた組織で自治体の国際活動を推進するために、地方自治体の共同組織として一九八八年に設立された。

姉妹都市提携をする自治体は政府に許可を受けて行う必要はない。国の承認なく自治体の自由意思で姉妹提携が行えるのが日本の制度である。後述するが、かつて日本と国交のない北朝鮮と姉妹都市提携が結ばれていた例もある。一方、共産圏の国や東南アジアでは国の承認が求められるケースが多い。

姉妹都市とは何か？

では姉妹都市の定義とはどのような内容なのだろうか。姉妹都市についてのデータを管理している自治体国際化協会では、新規に提携が結ばれた場合、以下の三つの要件のすべてを満たすものを姉妹都市として取り扱うとしている。

（一）両首長による提携書があるもの
（二）交流分野が特定のものに限られていないこと
（三）交流に当たって議会の承認をえているもの

つまり、自治体国際化協会では、日本と海外の自治体間の公式な取り決めに基づく関係を姉妹都市提携としている。しかし、自治体国際化協会自体は、姉妹都市とは何かというその中身についての定義をしていない。

姉妹都市とは何かについては様々な説が存在する。たとえば、新潟市で長年、姉妹都市交流に携わった市岡政夫は「(姉妹都市の) 目的とするところは、国と国との枠を乗り越え、都市と都市との間で、双方の市民のさまざまな交流を通じて相互理解を深め、友好・親善を強化し、地球の平和に貢献することである」と述べている。

では、姉妹都市の本家であるアメリカではどうだろうか。アメリカの姉妹都市提携についての全国組織であるシスターシティーズ・インターナショナル（Sister Cities International）でも、姉妹都市そのものの定義はしていない。しかし、組織の目的として以下のように記述している。「シスターシティーズ・インターナショナルは個人対個人の『市民外交』によって、繁栄と平和をもたらす生涯にわたる友情を作り上げ、文化的、教育的、情報、交易面での関係を創造する」と述べている。

つまり、姉妹都市とは、単なる役所としての自治体間の連携に留まらず、市民の主体的な参加が不可欠であると考えることができるだろう。

この自治体と市民との関係に関して、シスターシティーズ・インターナショナルの五〇周年記念の出版物である『人々による平和、グローバルな市民の五〇年間』で、興味深い記述がある。「姉妹都市交流とは、数千の地元のボランティアの粘り強い精神と自治体のリーダーシップの双方の賜物である」とし、一方、「アメリカ以外の国では地域レベルのボランティア団体の活動が欠如している場合があり、姉妹都市が自治体間のみの連携との誤った理解がある」と指摘している。

姉妹都市という土台

では、日本の実情はどうだろうか。日本では姉妹都市について市民参加の必要性は二次的なものと捉えられ、自治体の活動として姉妹都市を捉える傾向がある。

総務省が姉妹都市交流を表彰する制度を二〇〇六年に設けた際、名称を「姉妹自治体交流表彰（総務大臣賞）」としたことにも現れている。筆者も参加した初回の審査会の際に、姉妹自治体より姉妹都市との名称とすべきとして変更を筆者を含め複数の審査委員が求めたが、総務省ではすでに決定されたこととして変更されることはなかった（その後、名称を「自治体国際交流表彰」に改められた）。

こうした政府の立場とは別に、自治体の間では、行政と市民の共同性について、活動主体は市民であるべきとの考え方はある程度、受け入れられている。札幌市長の桂信雄はかつて「提携は行政のものではなく市民のものである、これがモットーです。その成果は確実に実っていると私は確信しています。」と述べている。

しかし、実態としては、活動予算のほとんどを行政が支出するケースも多く、また相手都市との連絡も自治体が担っている場合が多い。さらにアジアの都市では日本以上に市民サイドの活動が弱く、行政と市民の共同性については、理念と実態が乖離している場合がみられる。

まさに姉妹都市はグローバルな活動であり、国ごとに自治体の置かれた体制や状況が違い、さまざまな取り組み方法があるということだろう。しかし、一貫しているのは、地域社会が活動の主体となり、国を超えて連携をするという点だ。グローバル化が進む世界の中で、地域社会が世界とつながることで市民が相互理解を深めながら、世界平和と地域の発展を目指す仕組みと考えてよいのだろう。

国を超えて市民同士が相互に交流すれば、文化や言語は違っても一人ひとりが連帯感を実感できる。多様性、複雑性を包含しつつも、究極的には世界は一つのコミュニティとなりえる可能性を認識できるかもしれない。

グローバル化によって国境の垣根は低くなり、ヒト、モノ、カネ、情報の移動は急激に増加している。しかし、現実には異なる文化に接する機会が増えたことで、偏見が助長され、異文化対立やさらには民族紛争、テロといったマイナスのサイクルも始まっている。

そうしたマイナスのサイクルが顕在化する一方で、プラスのサイクルも始まっている。それがまさに姉妹都市交流に代表される市民交流である。これまで国境の高い壁によって切り離されていた市民同士が交流する機会が劇的に増え、異国民に対する偏見や国同士の外交の思惑を超えて生身の人間同士として理解することができる。その経験が個人や地域社会に知的刺激を与え、さらには社会的な寛容性を育むことへと導かれるサイクルである。

それは異文化の理解と尊重、他者への敬意と大らかな包容力といった特質を高めることにつながる。グローバル化によってマイナスのサイクルばかりが強調されるが、グローバル化によるプラスの側面をしっかりと認識しそれを最大限に生かす仕組みを作ることこそが、世界に求められている。

さて、姉妹都市交流は、自治体と市民との共同事業としての性格以外に、一般の国際交流事業とどのような違いがあるのだろうか。

姉妹都市交流では、通常の国際交流事業と比べて、（一）特定の事業ではなく多様な事業を包含する交流の土台であること、（二）交流の終わりがなく半永久的に続く、という特徴がある。

姉妹都市の枠組みの中では、教育交流、文化交流、経済交流などさまざまな交流を地域の多様な主体が行うことができる。事業の主体は自治体に限らない。市民団体、経済団体や学校も活動の担い手となりえる。姉妹都市が多様な交流の土台であることのゆえんである。また現在ではＩＴを活用すれば、時間差なく動画や映像を利用した交流を行うこともできる。

さらに姉妹都市交流には終わりがないという特徴がある。数十年、あるいは数百年にわたる継続的な交流が可能である。岡山市とアメリカ・サンノゼ市との姉妹都市交流では五〇年以上前の初期の交流事業でサンノゼに派遣された女子学生がその後結婚し、その子どもが同じ事業でサンノゼを訪問するという二世代にわたる交流の例もある。おそらく今では三世代にわたる交流も始まっていることだろう。交流の相手先が変わらず、長年にわたって交流を行うために、相手都市の市民に対して、まさに親族のような親しみ深い関係を育むことが可能なのが姉妹都市の特徴である。姉妹都市交流は、その時々の自治体の首長などの思惑を超えた国際公共財としての性格を持つものといえる。

自治体は国を超えられるか

さて、少し観点を変えて、自治体が国際関係に関わるとはどういうことなのかについて考えてみよう。

姉妹都市交流はこれまで述べてきた通り、地方自治体と市民とのパートナーシップによって行われるべきものだ。しかし、公式に姉妹都市締結を行う際にその締結文書に署名するのは自治体の長であり、対外的、対内的に自治体の長が姉妹都市提携の最終的な決定者となる。その意味で、姉妹都市提携に果たす自治体の役割は極めて大きい。

自治体は本来、その管轄範囲である地域社会での活動を主とする。しかし、自らの管轄地域を超え、さらに国境を超えて活動を行うことも意外に多く行われている。

たとえば、首長がトップセールスと称して海外で地元の産品の販売促進や海外からの観光客の誘致を行うことは日常的に行われている。また沖縄は米軍基地の沖縄県外への移転を強く求めているが、日米安全保障条約という外交関係に直接、自治体が関わろうとしているととらえることもできる。さらに自らの地域の利害を超えて世界を対象とする地方自治体の活動もある。例えば広島市は積極的に反核平和運動を進めているが、これは国際社会に対するメッセージであり、国際関係へ関与する意味を持っている。

本来、地域住民の福祉の向上を目的とする自治体が国を飛び越えて海外の都市と提携し、国際交流を行うその法的な根拠はどこにあるのだろうか。

一九九九年七月に地方自治法は改正され、翌年四月より新自治法が施行された。新しい地方自治法は、国と地方との関係を中央集権型から地方分権型へと変更するものであり、自治体の自立性、自主性、自己責任へと転換を図るものであるといえる。

新地方自治法において自治体の行う事務は、法定受託事務と自治事務の二つに分類されている。法定受託事務とは、「国が本来果たすべき役割に係るものであって、国においてその適正な処理を特に確保する必要があるものとして法律又はこれに基づく政令に特に定めるもの」（地方自治法第二条第九項一号）とされる。つまり本来、国が行うべきものを自治体が肩代わりしている事務を指す。

地方自治法の別表第一には第一号法定受託事務がすべて記載されているが姉妹都市や国際交流に関する記述はない。一方〝自治事務は〟本来、自治体として行うべき事務であり、地方公共団体が処理する事務のうち、法定受託事務以外のもの（地方自治法第二条八項）とされる。国際交流はこの自治事務の範疇として行われていることになる。

つまり、国際交流や姉妹都市交流は自治体本来の事務であり、自治体として住民福祉の増進を図るために地域の枠を超えて行動していることになる。しかし、すべての自治体が姉妹都市提携を行っていないように、自治体の裁量に任された事業であり、自治体自身の考え方次第でその実施が決まることになる。つまり熱心な自治体は積極的に取り組むし、そうでない自治体は全く何もアクションを起こさないというタイプの事業に属する。

自治体は住民の福祉の向上と地域社会の発展のために、独自性を発揮しながらさまざまな活動を行い得る。姉妹都市交流や国際交流はそうした活動の一つである。ただ特殊な点はその活動は国をも超えるということだ。

では自治体の国際交流活動と政府の外交との関係はどうだろうか。外交は中央政府の専管事項と考えられ、外交に地方自治体は関与できないとする説が大勢である。つまり、自治体の国際活動は外交とは別の次元のものであるとの認識が一般的である。

一方、政府においては、自治体の国際活動を規制するような動きは見られず、むしろ促進する方向性が出されている。

一九八七年三月には旧自治省の通達「地方公共団体における国際交流の在り方に関する指針」が出されている。この中で「国際社会における我が国の役割は増大し、我が国の社会・経済全般にわたって国際化が進展したことに伴い、地方公共団体による国際交流を、質・量ともに向上することが求められる」とし、「この地域レベルの国際交流の本来望まれる担い手は、民間部門である。しかし、この地域レベルの国際交流が急務とされ、その活発な展開が求められている現在、地域における総合経営主体である地方公共団体が当面先導的役割を果たしていく必要がある」という。このように政府は自治体の国際交流への積極的な関与を促している。

国際関係の中での自治体

以上、見てきたとおり、自治体の国際活動は地域住民や地域社会の発展のために行われるべきものである。しかし、単に地域住民の福祉に貢献するばかりではなく、その活動を通して国際関係に一定の影響を与え得ることもある。

多くの米軍基地を抱える沖縄県は、日米安全保障条約に対して直接的に影響を与える活動を何度となく行っている。二〇一二年に起こった米軍の新型輸送機MV22オスプレイの米軍普天間飛行場（沖縄県宜野湾市）への配備や米海軍兵士による集団強姦事件を巡って、仲井真弘多沖縄県知事は訪米し、二〇一二年一〇月二二日、国務省でカート・キャンベル国務次官補と会談し、強姦事件に対して米軍兵士の綱紀粛正の厳格化とオスプレイの配備中止を要請した。

こうした活動は、住民の福祉の増進を図ることを目的としているものの、手段として日本政府ではなく、アメリカ政府に対して直接的に働きかけを行っており、日米関係に一定の影響を与えようとする活動といえる。

また知事によるアメリカ政府への直接的な働きかけの例として、石原慎太郎元東京都知事の例がある。石原知事は米軍横田基地（東京都福生市など）の返還や民間機乗り入れの早期実現を求めて、何度もアメリカの国務省を訪問して要請を行った。

全世界に対して自治体として働きかける例として広島市がある。広島市は継続的に核兵器の廃絶を訴えかけているが、原水爆禁止二〇〇九年世界大会が広島で行われた際、以下のようなメッセージを発表している。

ヒロシマは、六四年前の被爆体験を原点に、核兵器の廃絶と世界恒久平和の実現を訴え続けて参りました。しかし、今なお地球上には膨大な量の核兵器が備蓄・配備されており、核兵器の新たな拡散や使用の可能性さえ高まっています。

このため広島市は、世界の約三〇〇〇の都市が加盟する平和市長会議とともに、二〇二〇年までの核兵器廃絶を目指す「二〇二〇ビジョン」に取り組み、現在「ヒロシマ・ナガサキ議定書」の二〇一〇年のNPT再検討会議での採択を目指し、様々な活動を世界的に展開しております。

世界を動かし、人類の未来を決定していくのは、この地球に生きる私たち一人一人です。そうした意味から、平和を願う「原水爆禁止二〇〇九年世界大会」が開催されますことは誠に意義深く、その取組に対し深く敬意を表します。

今後とも、核兵器の廃絶と世界恒久平和の実現のため、私たちとともに力を尽くし、行動して下さることを心から期待いたします。

平成二一年（二〇〇九年）八月

広島市長　秋葉忠利

文中の「平和市長会議」とは広島市が提唱してできた世界の核兵器廃絶に関する都市によって構成された組織である。一九八二年六月二四日にニューヨークの国連軍縮特別総会に当時の広島市長が出席し、核兵器廃絶に向けたスピーチを行った。

世界の都市が国境を超えて連携する「核兵器廃絶に向けての都市連帯推進計画」を提唱し、長崎市とともに世界各国の市長に対して賛同を求めた。その結果、世界の多くの都市から賛同が得られ、現在、平和首長会議と名称を変え、二〇一七年一一月一日現在、世界一六二ヵ国・地域七四六九都市が賛同している。

この広島市の活動は国際関係に影響を与えることそのものを目的としている。世界で最初の被爆都市として核兵器の廃絶を世界中に求め、その実現のために国内外に連携を求め、働きかけを強めようという行動である。こうした行動が行えるのは市長の考えだけではなく、広島市民の幅広い理解と賛同が得られているからである。被爆地という特殊な体験から、住民の福祉の増進の延長上にグローバルな活動を展開していると考えられる。

また韓国の慶尚北道と姉妹都市提携を行っていた島根県は、韓国との交流への期待を持ちながらも、県土の一部である竹島の重要性をアピールするため二〇〇五年に「竹島の日」を県議会で設定した。その結果、日韓関係全体に大きな影響を与えた。

以上のように、自治体の活動が意図せざる反響を国際社会に投げかける事例もある。国際社会が複雑化する中で、自治体の行動は国際社会と複雑に絡み合い、反響しあう関係となっている。

一方、国際関係の中で自治体の活動の認識度は一般に低い。政府はもちろんNGOと対比しても、自治体が国際関係で重要な役割を果たすとは一般に理解されておらず、地味な存在といえる。自治体は政府の機関の一つに過ぎず、国際関係においても中央政府と異なった行動をとることはないという単純な思い込みが一つの要因だろう。

オーストラリアの政治学者プルネンドラ・ジェインは、国際関係のアクターとして地方自治体についての認識が抜け落ちている理由として「国際関係論で主流を占める一般的な理論の前提は、冷戦後においてさえも、中央政府の権限は国境で区切られ、世界はその単一の中央政府のよってのみ公式に代表される国家から相変わらず構成されている」と指摘する。

国際社会での自治体の活動はあくまでも本質的なものではなく、自治体のフィールドは地域社会であることは当然である。外交や国防については中央政府の専権事項であり、地方政府の権限の範疇ではないことは世界的に普遍的なルールである。

しかし、その一方で自治体は中央政府と異なる活動を国際舞台において実際に行っている。民主主義国家では自治体は大きなフリーハンドを持っており、公共の福祉の推進という大目的を達成するために、多様な国際活動が行われている。グローバル化が進展する中でその動きは今後、さらに加速するだろう。アジアやアフリカでも地方分権が進展しており、途上国同士の姉妹都市提携も広がりを見せている。

例えば二〇一〇年にはアフリカのモロッコでシスターシティーズアフリカが結成され、アフリカでの姉妹都市交流が今後、加速されることが予想される。また中国はアフリカをはじめ、全世界に対してきわめて積極的に姉妹都市提携を働きかけている。ここにはアメリカとは別の意味で、中国政府の外交方針が反映されている。

まさに世界中で自治体のネットワークが縦横無尽に張り巡らされる時代を迎えつつある。

地域社会が国際競争を生き延びるためには国際的な視野が不可欠であり、姉妹都市のような国際的ネットワークの構築も自治体にとって死活問題になりつつある。住民を代表する自治体が行う国際活動は、外交の枠の外で独自の価値を持つ領域として成長しつつあるといってよいだろう。

それでは次章では、日本にとってアメリカに次ぐ姉妹都市を持つ中国に焦点を当てその起源や交流のあり方を探ってみたい。そこには日本がイニシアチブをとった意外な事実が秘められている。

参考文献

James C. Hagerty, Press Secretary to the President, Immediate Release, "*The White House*,"May 31, 1956
People to People NEWs, Vol.1. No.2, October 1956

The People-to-People Foundation, Inc. Confidential Inter-Office Memorandum, Subject: The People-to-People Program Dilemma, As of March 18, 1958

Adelaide K. Roslein, *"Sister Cities-The Road to Peace,"* Long Beach, Calif., n.p., 1965

Roslein, Adelaide K. (1965), "Sister Cities-The Road to Peace," (Long Beach, Calif: n.p.)

Juergensmeyer, John E. (1965) *The President, The Foundation and People-to-People Program*, The Bobbs-Merrill Company, Inc. college Div.

The Town Affiliation Association of the U.S. Inc. "Sister City Antecedents, Precedents and Where They Led," Sister Cities International the 25th Anniversary, 1981

Edwina S. Campbell, "The Ideals and Origins of the Franco-German, Sister Cities Movement 1945-70", *History of European Ideas* Volume 8, 1987 - Issue 1

Mathias Delori, "From an Old Foe to a New Friend ? Analyzing the Shift in France's Security Policy Towards Germany after WWII from a Pragmatist Perspective," EUI Working Paper MWP 2009/42

Peace Through People, 50 Years of Global Citizenship: Sister Cities International, Butler Books, KY, 2006, Sister Cities International

松下圭一編『自治体の国際政策』学陽書房、一九八八年

渋谷武、多賀秀敏『自治体外交の挑戦』有信堂高文社、一九九四年

『札幌・ポートランド姉妹都市提携三五年のあゆみ』札幌市総務局国際交流課、一九九五年

プルネンドラ・ジェイン『日本の自治体外交』敬文堂、二〇〇九年

第3章

日本がリードした中国の国際化

急速に発展した日中の姉妹都市

現在、日中関係は領土問題や歴史認識などを巡って対立の火種が絶えない。しかし、日中関係の改善のために日本、中国の双方で無数の人たちが陰で支えていることはあまり知られていない。まさに姉妹都市交流がその例だが、その成り立ち、そしてそこで繰り広げられてきた交流には一般にほとんど知られていないドラマがある。この章では日中の姉妹都市提携を取り上げ、その全容を明らかにしていきたい。

さて、前章で示した通り日本の姉妹都市提携はアメリカに始まり、そして提携数の面でも依然トップを占めている。しかし、一九八〇年代、九〇年代になって急速に数を伸ばし、今では二位の位置につけているのは中国である。一九九〇年代には毎月一つ以上のペースで新しい姉妹都市提携が結ばれたほどだ。

中国との姉妹都市は、都道府県単位の提携で際立っている。四二件と全都道府県の九割近くが中国と姉妹都市提携を結んでいることになる。市町村レベルでは中国との姉妹都市提携を行っていない都道府県は皆無であり、中国との姉妹都市提携は全国に広がっていることがわかる。

二〇一七年一一月一日現在、中国との姉妹都市提携は三六三に上っている。地域として多いのは、関東、近畿、九州で、最も多い都道府県は大阪府で、府下の一五市町村が一六の提携を結んでいる。ちなみに、日中間の姉妹都市提携は、姉妹都市ではなく友好都市という言葉が用いられる。これはどちらも漢字圏の国としてどちらが姉で妹かをはっきりさせないために考えられたものである。しかし、本書では他国の例に合わせて姉妹都市という名称を使う。

さて、ここで日中関係を少しおさらいしておこう。

日本と中国との国交正常化は一九七二年に実現した。国交正常化を導いた日中共同声明では、台湾の扱いが焦点となった。中国側が、台湾は中華人民共和国の領土の不可分の一部であると主張し、日本もこれを十分に理解し尊重すると認めた。それまでアメリカとともに台湾を中国の正統的代表と認めてきた日本にとって、このことは外交上の大転換であった。一方、尖閣諸島の帰属についての話し合いは行われず、共同声明にも盛り込まれなかった。この問題に深入りすれば対立は深まり、国交樹立も大幅に遅れていた可能性もあったからである。

国交正常化の後、平和友好条約の締結が急がれたが、中ソ対立が厳しくまた自民党内右派の抵抗もあって締結は一九七八年に持ち越された。ようやく日の目を見た日中平和友好条約交渉の際にも、尖閣諸島の問題は議論されなかった。訪日した鄧小平は記者クラブでの会見で「国交正常化の際、双方はこれに触れないと約束した。今回、平和友好条約交渉の際も同じくこの問題にふれないことで一致した」と答えている。

日中国交回復が行われた後の一九八〇年代には、日本人の多くは中国に対して好意的なイメージを持っていたといわれる。

一九八九年に起こった天安門事件に対して、西側諸国は政治的、軍事的接触の禁止や、経済援助・協力の禁止など厳しい制裁措置をとった。そうしたなかで日本は中国を孤立させないようにとの配慮を示した。一九九〇年一一月には先進国で初めて対中政府開発援助の再開に踏み切り、一九九一年には天安門事件以降、先進国の首脳として初めて海部俊樹総理が訪中を行った。さらに一九九二年には天皇が中国を訪問し、日中関係の関係改善が続いた。

一九九五年、戦後五〇年の節目として日本の過去の戦争、植民地支配に対して、痛切な反省の意と心からのお詫びの気持ちを表明する村山談話が出された。一方、同年には急速な経済復興を遂げる中国に対する警戒感が強まるとともに中国は核実験を行い、日本政府は対中経済支援の停止に至った。

日本の首脳による靖国参拝も、日中関係をこじらせる元となった。小泉純一郎総理は六度の靖国参拝を行ったが、二〇〇五年の靖国参拝の際にはこれまでになく日中関係の緊張は高まり、中国国内で反日デモが相次いで行われた。

決定的に日中関係の悪化を招いたのは、二〇一〇年九月の尖閣諸島における中国漁船の衝突事故である。両国は事態の収拾に務めたが、二〇一二年四月には石原慎太郎都知事が東京都による購入を表明し、その結果、日本政府は九月に同諸島の国有化を決定した。その後、中国では反日感情が急速に悪化し、日中関係の緊張は高まり続けている。

二〇一四年一一月、ようやく安倍総理と習近平主席は北京で開催されたＡＰＥＣ首脳会議で会談を行ったが、日中関係の全面的な関係改善には程遠い状況が続いている。

国交回復を先取りした提携の動き

日中の姉妹都市提携で興味深い点は、アメリカから始まり日本に伝播した姉妹都市交流が、一九七〇年代には日本がリーダーシップをとり、中国が姉妹都市を開始する先導役を果たしたことだ。中国の国際化を先導したのは日本の自治体であったという事実、さらに日中国交回復前から密かに日本側のイニシアチブで姉妹都市提携の話が進行していたことも十分には知られていない。

国交回復後に姉妹都市提携が動き始めたのではなく、それ以前から水面下で自治体レベルでの提携に向けての模索が行われていた。つまり、自治体がさきがけとなって、政府レベルの日中関係樹立の突破口を切り開こうとしたと考えることができる。

日中の姉妹都市提携は一九七三年に始まるが、一九七五年から三年間はまったく提携が行われておらず、中国として様子見の時代であったことがわかる。しかし、一九八〇年代になると日中の姉妹都市提携は爆発的に増えていく。

日中の姉妹都市の黎明期、その代表例として神戸市と横浜市の動きを詳しく見てみることにしよう。

日中間の姉妹都市提携第一号となったのは神戸市と天津市との提携である。この提携は一九七三年六月二四日に行われたが、中国にとって地方政府が海外と姉妹都市提携を結ぶ最初のケースとなった。それまで中国は姉妹都市というものを知らなかった。中国の世界に向けての重い扉を開ける役割を日本の自治体が果たしたといえる。

一九七〇年代初期、神戸市長の宮崎辰雄は日中国交の早期回復を訴えていた。一九五七年に神戸市はアメリカ・シアトル市と姉妹都市提携を行っており、国交回復後には中国の都市と提携したい意向を表明していた。

一九七二年九月の日中国交正常化交渉の最中、宮崎市長は日中友好青年少年水泳訪中団長として訪中していた。

宮崎市長は、その訪中期間中に広州で日中国交正常化の知らせを受けとった。このことについて「中国滞在中に日中共同声明が発表され、中国の官民がこぞって国交の回復を喜んでいるのを肌で感じることができたのは忘れがたい経験でした。国交正常化後は従来に増して温かい歓迎を受け、当日の夜行われた水泳競技場には、初めて日章旗が五星紅旗と並んで掲揚され、私は八〇〇〇人の観衆に向かってお祝いのあいさつをするように求められました」とその時の感激を記している。

そしてこの訪中で中国の周恩来首相と会見する機会を得ていた。周首相に対して宮崎市長は中国の都市との提携を希望していることを表明した。周首相からは、賛意とともに同氏が五〇年前に神戸港から中国に帰国した際の港町、天津市がどうかとの打診がなされたという。

翌一九七三年五月、天津市との姉妹都市提携を実現すべく、神戸市友好訪中代表団が天津を訪問した。このとき、姉妹都市の代わりに友好都市という名称を使用すること、両国人民の末代までの友好を発展させること、互恵平等等の原則に基づき、実現の可能なものから着実に実行することの同意がなされた。この後、日中間では姉妹都市に代わり友好都市という名称がすべての都市の間で使われることになる。

一九七三年六月には中日友好協会の招きを受けて神戸市を含む京阪神三市長が訪中し、再度、訪中した宮崎市長は天津市人民礼堂で市の各界代表約九〇〇人が参集する中で友好提携に合意した。この際、友好締結についての文書の発表や交換は行われていない。

神戸市が中国との都市提携に熱心であった理由として、戦前には日本の対中国貿易の三、四割が神戸港で扱われていたことや、多数の華僑が神戸で商工業を営み、中国領事館が設置されていたことがあげられる。中国との関係が国際都市神戸の発展に大きく寄与していたのは自明のことだった。

この時期の神戸市の積極的な対応について、神戸市役所の職員は当時、神戸港は世界有数の港湾であり、市としても日本を代表する国際都市としての勢いがあったこと、そして市として先進的な活動への意欲にあふれていたと指摘する。

また意外なことに、神戸に住む華僑は多くは福建省出身であり、天津との友好都市提携において重要な役割を担っていなかったと指摘する。中国との友好都市の原動力となったのは、神戸市役所であり、神戸市のイニシアチブによって天津市との友好都市としての交流が展開されたという。

両市の間では友好都市提携の樹立以来、教育、文化などさまざまな面での交流が行われてきた。天津市との友好提携によって神戸市は市内の王子動物園に動物の寄贈を受けたが、中でもパンダを借り受けることができたのは最大の成果のようだ。

一方、神戸市が行った天津市に対する最大の貢献として天津港の近代化がある。一九八〇年八月二六日に神戸港と天津港は友好港の提携を結んだ。天津港の近代化のために神戸市は港湾の建設、運営について市の港湾局の専門家を送り、また天津市からも技術者が複数年にわたり派遣された。港同士の活発な交流の結果、現在では天津港は中国の成長とともに、神戸港よりもはるかに大きな規模へと成長した。皮肉なことに現在では両者の立場は大きく逆転している。中国の都市の近代化の陰の功労者は日本の自治体であることを示す一例といえるだろう。

次に横浜市の例を見てみたい。日中の国交回復の前から、当時の飛鳥田一雄横浜市長は自治体の立場で日中交流の推進を行っていた。後に日本社会党の委員長になる人物である。この動きには本人の思想的な背景とともに、横浜市が全国有数の中華街を持つ国際港であり、中国とは歴史的になじみの深い土地柄ということがあった。

一九六六年には横浜市選抜高校サッカーチームが訪中するという事業が行われており、日中国交回復の前年の一九七一年四月には横浜市で日中交歓卓球大会が開催されるという動きもあった。

中国との姉妹都市の候補として横浜市は、古くから外航船の定期航路として結びついていた上海市に狙いを定めた。ちなみに横浜市はアメリカカリフォルニアのサンディエゴと一九五五年に姉妹都市提携を行っている。そして渡辺はま子が歌う「美しのサンディエゴ」という姉妹都市を賛美する曲が作られるほど両市の交流は盛んだった。

横浜市は国交回復の前年の一九七一年六月に上海市に姉妹都市提携を呼びかけた。しかし、国交のない中で中国側が了承するはずもない。この試みは失敗に終わった。両者の間で姉妹都市の締結が行われたのは、日中国交回復の翌年、一九七三年一一月三〇日である。横浜市長を団長とする横浜・上海友好訪中団が上海を訪問して友好都市締結の調印が行われた。

その後、両市の間ではスポーツ交流、経済・技術交流、児童画交換、動物交換（上海からキンシコウの贈呈）等が行われてきた。一九八七年には横浜市は上海に経済貿易事務所を設置。現在、横浜企業経営支援財団として、横浜企業の上海における事業活動の支援や両市間の経済技術交流に携わっている。また横浜市は上海市に「横浜上海友好館」を建てており、上海周辺には横浜の一〇〇を超える企業が進出を果たしている。一方、上海市は友好都市締結一五周年目の一九八九年に上海横浜友好園「庭園・植物園・ハーブ園」を本牧市民公園内に設置した。その後も、二〇一〇年の上海万博日本産業館に横浜市が出展したり、同年には上海市内で横浜ウィークが開催されるなどの交流が続いている。

しかし、神戸市と天津市の例と同様、横浜市と上海市の立場は大きく逆転してしまった。世界有数の大都市となった上海市にとって横浜市の存在は大きいとはいえないだろう。

姉妹都市の締結文

日中間の初期の姉妹都市交流は主として県庁所在地が締結の先陣を切ってきた。一九七三年六月二四日の神戸市と天津市の姉妹都市提携の次には同年に横浜市と上海市が提携を行い、一九七四年には奈良市と西安市、大阪市と上海市、京都市と西安市、一九七八年には名古屋市と南京市が締結を行った。

この中で両者の間で公式な文書として宣言が交わされている最も古い例は奈良市と西安市である。奈良市と西安市はかつて日中両国の首都としてのつながりがある。この歴史的な関係をもとに、一九六九年三月奈良市から西安市革命委員会主任（市長）あてに姉妹都市提携が提案され、協議を重ねた結果、一九七四年二月一日に西安市革命委員会講堂において姉妹都市提携が行われた。

一方、日中間の姉妹都市提携で両市の合意の協定文が存在するのは一九七八年に締結された名古屋市と南京市の文書が最初である。その締結文は以下のとおりとなっている。

名古屋市と南京市は、日中平和友好条約の精神に基づき、相互に、文化、教育、体育、経済、科学技術及び人物等の交流を通じ、子々孫々に至るまで両市間の友好親善と相互理解を深め、あわせて、日本国と中華人民共和国両国の善隣友好関係の促進に寄与することを念願し、ここに両市が友好都市として提携することを協約する。

日中平和友好条約締結の年に当り、名古屋市民及び南京市民を代表して、これを確認し、署名する。

一九七八年一二月二一日

本山政雄　　儲　江

名古屋市及び南京市が友好都市として提携することを承諾し、署名する。

一九七八年一二月二一日

田辺広雄　　周　伯潘

服部利明　　房　震

浅井岈一　　汪　良

谷　隆夫　　林　超雲

竹田弘太郎　　陳　青山

以上のように両都市の間での幅広い分野での友好交流を謳うとともに単に一過性の交流ではなく、子々孫々に至るまでの長い交流となることを謳っている。また、政府間の日中正常化の理念に基づくことと、両国の友好関係に寄与することを願っている。

この文書はその後の日中の姉妹都市の間の締結文にも引き継がれたようであり、ほぼ同様のパターンが見られる。内容で注目すべき点は、共産主義の中国でありながら（あるいは共産主義だからというべきか）、市民を代表して市長が署名すると記されている点である。これは日米の姉妹都市交流の経験がそのまま、日中間の姉妹都市交流にも生かされていると見ることができるだろう。

南京事件と姉妹都市交流

さて、姉妹都市交流がきっかけとなって日中の対立を招いた例がある。河村たかし名古屋市長（当時）による南京大虐殺は無かったという発言である。

名古屋市と江蘇省南京市は日中国交回復の年、一九七八年一二月二一日に友好都市提携を行った。先に見たように日中間での最古の提携文が残る姉妹都市である。

日中国交正常化直後の一九七三年に就任した本山政雄名古屋市長は中国訪問と中国の都市との姉妹提携を悲願としていたといわれる。本山市長は元名古屋大学教授であり、同じく名古屋大学の教授であった愛知県日本中国友好協会会長の有山兼孝に相談し、中国との交流について相談を行った。当時の中国は文化大革命の末期であり市長の訪中も難しい情勢であった。

一九七五年一〇月、念願が叶い本山市長の訪中が実現した。市長は北京で譚震林全国人民代表大会常務委員会副委員長と面談し、そこで姉妹都市提携の可能性について打診したといわれる。その後、一九七六年には市長以下三三人の第二次名古屋市友好訪中団が北京、上海、瀋陽などを訪問した。

一九七八年八月には日中平和友好条約が調印された。満を持して同年一〇月本山市長は、市会、産業界、婦人団体等一三八人からなる「名古屋市民の翼友好訪中団」を組織して訪中した。姉妹都市提携への熱い願望を持った訪中だったといえるだろう。この訪中で、本山市長と孫平化中日友好協会秘書長との面談が実現した。姉妹都市の希望を伝えると孫平化からは、名古屋市の姉妹都市として南京市はどうかとの提案がなされた。

名古屋市側は大いに困惑した。南京事件があった南京市と姉妹都市提携ができるのだろうか。果たして南京市民は日本との姉妹都市提携に応じるのか、また市民の対日感情はどうなのだろうか。複雑な思いが交錯したことは間違いないだろう。

急きょ、訪中団のなかから田辺広雄市議会議長らを南京市に派遣を決めた。南京市を訪問した議長は名古屋市側の不安が解消されるほど、現地で大歓迎を受けた。帰国後、市長は市議会と諮り、南京市との友好提携について議員総会による了承を得た。本山市長の念願がかなった一瞬だった。

一九七八年一二月二〇日、南京市革命委員会儲江主任を団長とする南京市友好訪問団一九名が名古屋を訪問し、一二月二一日に友好提携の調印式が行われた。

友好都市締結後、両市は活発な交流を行った。提携翌年の一九七九年五月には南京市電子工業考察団一五人が名古屋市を訪問して企業視察を行った。また一一月には南京市から都市建設代表団二〇人が名古屋市を訪問し、都市計画、高速道路、下水処理場などを視察した。

名古屋市からは市長を団長とする三二人の友好代表団が南京を訪問したほか、婦人バレーボール友好代表団が訪問し現地の女子チームと試合を行った。また同年一二月には第一回姉妹友好都市児童絵画展が名古屋市博物館で開催され、南京市以外にも、名古屋市の姉妹都市であるロサンゼルス、メキシコシティからそれぞれ約一〇〇点の子どもたちの絵が出品され展示された。

その後も、両市の間では活発な交流が行われ、一九九〇年代以降、毎年二〇を超える相互訪問団の派遣、受け入れが行われ、三〇周年の節目となる二〇〇八年には提携三〇周年記念祝賀会が両都市で実施された。その際、松原武久名古屋市長を団長として約一二〇人の市民が南京市を訪問している。南京市では一一月一日に名古屋デーが展覧会施設で開催され、名古屋の伝統舞踊や生け花、お茶等のデモンストレーションが行われた。

一方、南京市からは南京市共産党委員会書記ら一六人が名古屋市を訪問し、南京デーが開催された。一二月一〇日に行われた南京デーは、市内の商業施設で開催され、南京民族楽団、南京市京劇団が参加し、一三〇〇人の来場者があった。

このように両市の間では南京事件に触れることもなく、活発な交流が続けられてきたといえる。

しかし、この名古屋市と南京市の姉妹提携は突然、暗転した。二〇一二年冬である。二〇一二年二月二〇日、名古屋市長を中国共産党南京市委員会劉志偉常務委員らが訪問した。会談した河村たかし市長はその際、旧日本軍による南京事件はなかったのではないかと発言した。その発言は大きな反響を呼んだ。中国外務省は非難声明を発表、また南京市は名古屋市との交流事業を全面的に停止させた。

それにより、両都市間の定例的な交流事業として行われてきた図書館同士の図書の寄贈、名古屋市教育委員会によるスポーツ派遣は中止され、また名古屋市で毎年開催される名古屋祭りパレードとシスターシティフェスティバルへの南京市からの参加が見送られるという事態に発展した。

市長と異なる市の見解

河村たかし市長は二〇一二年二月二七日の定例記者会見で、南京虐殺はなかったとの発言に関して、釈明文を配布した。

配布文の中で「「いわゆる南京事件というのはなかったのではないか」と話したのは、象徴的に三〇万人とされるような組織的な大虐殺はなかったのではないかという趣旨である」とし、「日本軍が非武装の中国人を三〇万人も殺害したという事実はないと考えているため、「いわゆる南京事件というのはなかったのではないか」という発言は撤回しない。いろいろな立場を超えて率直な話し合いができるようになることを希望している」とした。

記者団との質疑応答の中で市長は「遺憾なことが一人もなかったと言ったわけではない。戦闘行為に伴う残念なことはあった」としつつ、「非武装の市民を組織的に大量虐殺したことはない」と答えた。

名古屋市議会においても南京との姉妹都市提携が中断をしていることに関して河村たかし市長と議会議員との間で質疑が行われている。三月二日の市議会での答弁は以下の通りである。

わしの恵子 議員

（前略）

市長の、南京事件はなかったのではないか、この発言について、私は、二二五万市民を代表する市長として、資格が問われる発言であり、謝罪をして撤回すべきと考えますが、お答えください。

河村たかし 市長

（前略）

南京事件につきましては、事柄が大変デリケートでございますので、私、先日、文書で、いわゆる南京事件をめぐる一連の報道についてと、平成二四年二月二七日、名古屋市長、河村たかしということで、私が自分で書いたんですけど、この旨を発表しまして、これは名古屋市のホームページ上も載っております。このことについて、これに従って話をしたいと思います。

この結論部分がありまして、三〇万人もの非武装の中国市民を日本軍が大虐殺したとされる、いわゆる南京事件について、私は、三〇万人もの非武装の中国市民を日本軍が大虐殺したことはないと思っており、いわゆる南京事件はなかったのではないかと申し上げたことは撤回しません。

しかしながら、いろいろな意見、立場があることは理解しておりまして、率直な議論ができる日が一日でも早く来るよう、そして、日中友好関係が本当に進むよう心から願っております。率直な意見交換、話し合いをしたいと申し上げているのが私の真意でございます。

それから、名古屋市として申し上げたいのは、これも文書に書いてありますから言いますけど、南京市、名古屋市は三四年間友好都市関係を続けております。しかし、まことに残念ながら交流の状態は以下の数字にとどまっております。人口が約四倍の上海市に対して、南京市での在留邦人数は八〇分の一、名古屋市からの進出拠点数はわずかに二件で、上海の一五九件に対し八〇分の一にとどまっており ます。人口で修正しましても、南京市への交流実績は上海市への二〇分の一という極めて少ない数字となっております。

何とか形式的な交流促進ではなく、もっと多くの日本人、名古屋市民が南京市に住んでもらえる、観光に行ってもらえるように、その障害となっている、のどのとげを抜こうとの気持ちで申し上げたのでございます。

（後略）

以上のとおり、河村市長は南京大虐殺はなかったと考えており、その事実を明確にすることが「のどのとげを抜く」ことになり日中関係の発展につながると釈明している。では河村市長の発言は名古屋市としての公式見解といえるのだろうか。このことについてうかい春美議員は、河村市長ではなく住田代一副市長に対して、南京市との姉妹都市交流について以下のような質問を行っている。

うかい春美 議員

通告に従い、順次質問をさせていただきます。

初めに、未来志向の友好都市交流についてです。市民の皆さんも御承知のように、一九七二年に日中関係正常化がなり、六年後の一九七八年、名古屋市は、中国の南京市と姉妹友好都市となりました。それ以来、南京市と名古屋市は、三〇年以上にわたりじっくりと友好関係をはぐくんできました。

（中略）

今求められるのは、名古屋市として、将来にわたって、南京市はもちろん、姉妹友好都市と変わらぬ良好な関係を結んでいく強い意志を持っていることを国内外に示すことだと思います。

上下関係もなく、未来に向かって対等、平等な友好関係、真の善隣関係、これは、立場はいろいろあるにせよ、市長も市役所の職員も私たち議員も、そして、多くの市民、関係者の皆さんにとっても共通の願いであると心から信じています。そして、その願いを実現するべく力を尽くすことこそが今を生きる私たちの将来世代への責任であると思います。

そこで、名古屋市行政実務のトップで長い行政経験があり、入庁以来、両市の友好関係を見続けてきた住田副市長にお伺いします。

現在の状況を踏まえて、今後の南京市との交流について、名古屋市の姿勢に変わりはありませんね。未来志向の友好都市交流について、率直にお考えをお聞かせください。

（後略）

住田代一　副市長

私のほうに、まず、未来志向の友好都市交流についてお尋ねいただきました。この交流についての基本的な考え方でございますが、姉妹友好都市交流は、両市の市民がさまざまな交流を通じまして、相互理解と友好親善を深めていこうというものでございます。この努力につきましては、いささかも変わりがないというふうに思っております。

それに、午前中に質疑がございましたように、南京関連につきまして、市長の一連の発言について、公式見解ではないというお話も出ました。

そしてまた、私どもにその議論や具体的指示もないというふうに確認していただきました。そういった中で、ただいま議員からもさまざまな交流の実績を御紹介いただきましたが、名古屋市と南京市の都市友好関係も、一九七八年以来三四年間、こうした考え方のもとに、文化、教育、スポーツなど多くの分野についてさまざまな交流を深めてまいりました。

今後も、南京市と積み上げました交流実績を生かしながら、一層の交流促進に心がけ、名古屋市民と南京市民のきずなが一層深まるよう努めてまいりたいと思っております。

とりわけ、未来を担う若い世代がより活躍できる場となるよう努力してまいりたいというふうに考えておりますので、よろしくお願い申し上げます。

以上から河村市長は南京大虐殺がなかったということについての主張は変えていないものの、住田副市長は河村市長の発言を公式発言ではないと表明しているように聞こえる。すなわち名古屋市としての立場と河村市長との立場の間に差異を設け、そのことで南京市との交流の再開を模索するスタンスをとっている。行政のトップの主張が市の立場と異なることを公的に認める極めて異例の主張といえる。

姉妹都市交流は何代もの市長を経て受け継がれていくものである。また何十年と続く姉妹都市交流には多くの市民が何十年にもわたって参画するものであって単なる市行政の一事業ではない。行政は姉妹都市提携という土台を準備するが、その土台の上で実際に交流するのは市民である。

姉妹都市交流にはその時々の首長の意向は反映されるが、それがすべてではなく、時代を超越した性格を持っている。副市長の発言は姉妹都市のそうした性格を表しているといえる。しかし、こうした名古屋市の配慮にもかかわらず、名古屋市と南京市の姉妹都市提携はその後も中断が続いている。

外交上の対立の影響

日中関係は歴史認識の違い、靖国参拝、尖閣諸島などに関する認識の違いよって先鋭化し、何度も不安定な状況に陥った。そのことによって、日中の姉妹都市関係も影響を受けてきた。

北京市と姉妹関係にある東京都は、石原慎太郎知事（当時）がアジア大都市ネットワーク二一を提唱し、知事の意向によって台湾の台北市がメンバーとなったために、北京市は参加メンバーから外れることになった。しかし、極めて厳しい対中政策をとる石原慎太郎知事の時代にあっても東京都と北京市の間では実は一定の交流は続けられていた。東京国際ユースサッカーには北京市からチームが二〇一〇年と二〇一二年に参加し、また都庁においても、「魅惑北京写真展」が二〇一一年に開催された。

日中国交正常化四〇周年に当たる二〇一二年にはさまざまな記念事業が予定されていたが、野田政権による尖閣諸島の国有化が発表された結果、中国における対日感情が急速に悪化した。九月一五、一六日には大規模な反日デモが中国全土で行われまた、その後、五年に一回の中国共産党大会が開催されたことで、日中交流のさまざまなイベントが中止となった。また日本製品の不買運動など日本に対する厳しい状況は続き、九月二六日に開催が予定されていた日中国交正常化四〇周年の最大のイベントであった中日友好協会主催の祝賀会も中止となった。

こうした中、同年一一月に兵庫県と広東省の友好締結三〇周年を記念して当初、兵庫県知事が団長となって広東省への訪問が予定されていた。広東省側からは延期を求める要請が兵庫県に対してなされた。これに対して、兵庫県の井戸敏三知事は国同士が対峙するする時期だからこそ、地方政府同士が交流する意義があると譲らず、訪中を強行した。

その結果、広東省を訪れた井戸知事一行に対して、広東省政府は静かではあるが温かい対応を行った。広東省のどの高官と会ったかを極秘にするという条件の下で政府関係者やこれまでの交流関係者らとの面談が行われた。兵庫県の関係者の心配をよそに面談は極めて和やかなものであったという。これは中国政府の意向を省政府は重んじざるを得ないが、長年にわたって交流を続けている両県省の間には信頼関係が醸成されており、本音の部分では交流を続けたいという地方政府の意図があるものと思われる。また各省レベルでは日本からの投資は地域の経済発展にとって極めて重要な要素であり、日本との良好な関係を維持したいというのが本音であろう。同年一二月になると徐々に日中交流再開の兆しが見え始めた。北京外国語大学日本学研究センターと国際交流基金北京日本文化センターの共催の中日文化交流における大衆文化の果たした役割などの事業が実施された。同じ一二月には長野県知事による観光セミナーが中国で開催され、静岡県と浙江省による友好提携三〇周年記念事業も開催された。

沈静化のタイミングを見計らって交流を再開したいというのが日中双方の自治体の本音だったといえる。こうした一連の動きは国と板挟みになりながらも、実利を求めて、また長期の友好関係を大切にしたいという両者の思いが合致したからこそと考えることができるだろう。

アジアとの戦略的な交流

日中関係がこじれる一方、自治体の多く、とりわけアジア大陸に地理的に近い自治体は中国やその他のアジア諸国との関係強化を地域の将来を切り開くカギと考えている。日本で人口減少と少子高齢化が続く状況を考えれば、成長著しいアジアとの関係強化を考えるべきだという考えが浸透してもおかしくない。

アジアへの傾斜はとりわけ九州各県では徹底している。地理的、歴史的に関係が深く、市民の間にもこだわりが少ない。そうした取り組みのいくつかを見てみよう。

北九州市は姉妹都市を含む対外交流に関して、「アジアと共にいき、成長するまちづくり」をキャッチフレーズとする「北九州市国際政策推進大綱二〇一一」を発表している。

この大綱の中で「グローバル化の急速な進展、日本国内における少子高齢化・人口減少が進む中で、本市はこれまで積み重ねてきたアジア諸都市との都市間連携・交流や国際協力の実績を活かして、世界の成長センターである東アジアの成長エネルギーを本市の経済や文化に取り込むことで『アジアにおける北九州市』として新しい活力に転換していくことが今後一層重要になってきます」と述べている。

アジアとの交流を単なる国際交流事業の一環として考えているのではなく、北九州市の将来にとって不可欠な戦略と位置づけている。それを実現するための今後取り組むべき課題を三点上げている。（一）アジアのゲートウェイを目指した産業経済振興策の推進、（二）世界に貢献し本市の国際競争力を強化する国際協力の推進、（三）アジアにおける多文化共生推進都市を目指したまちづくりである。

アジアのゲートウェイを目指した産業経済振興策の推進とは何を指すのだろうか。アジアにおける二つの姉妹都市、中国の大連市と韓国の仁川広域市を含むアジアの都市との関係を強化すること、そして広域連携の推進を掲げている。成長が著しいアジアに対する日本の窓口としての役割を担いたい、そしてそのためには既存の姉妹都市である大連と仁川との交流を柱と基盤として、他のアジアの都市との関係を強化するという作戦である。つまり姉妹都市交流は、北九州市にとってアジアとの連携を行う要として位置づけられているのである。

二つ目の世界への貢献と国際協力の推進については、実は北九州の暗い過去が背景にある。北九州は日本の四大工業地帯の一つとして発展した歴史を持つが、同時に七色の煙が立ち上る公害の町としても有名だった。洞海湾は汚水によって変色し、町の上空は黒い雲で覆われていた。深刻な公害を北九州市はさまざまな努力を繰り返すことで克服し、今ではきれいな空気、青い海が戻ってきた。

北九州市は公害を克服したこれまでの取り組みをこれから産業発展を行おうとするアジアの諸都市に伝え、環境の改善のリーダー役となることで自らのアジアの中での位置を高めようとしているのである。

北九州市は環境技術の移転先として中国の大連を選び、その経験やノウハウを惜しみなく伝えてきた。今後も姉妹都市の中国大連市との関係を更に深め、市民や企業、大学など産学官民での連携を進めるとしている。

アジアにおける多文化共生推進都市とは、外国人との共生を目指そうというものである。人口減少と高齢化が進む日本では外国人の受け入れは避けられない。そうであればそのリーダー役を果たすとともに、外国人市民に対する多言語による情報発信などを積極的に行うことを掲げている。北九州市では、世界の人々が手をつないで地球を囲む図柄の多文化共生のシンボルマークを作り、「多文化共生のまち北九州市」として市民の啓発に努めている。

北九州市では九州と中国、韓国を地理的に一体的な地域と捉える「環黄海経済圏」を以前から打ち出していた。二〇〇四年には環黄海経済圏の発展に向けて、日中韓一〇都市の市長、経済界の代表が北九州市に会する「東アジア経済交流推進機構」を設立させている。

この組織は日中韓にまたがる環黄海地域が世界人口の四・五％、世界のGDPの四・二％、世界貿易額の五・三％を占めるなど、高い潜在能力を秘めており、北九州市として環黄海地域の発展の主導的な役割を担うことで、ビジネスチャンスの拡大と相互発展を目指そうとしている。

この機構のメンバーは概ね黄海を囲む都市であり、日本の三都市（北九州市、福岡市、下関市）、中国五都市（大連市、青島市、天津市、煙台市）、韓国三都市（釜山広域市、仁川広域市、蔚山広域市）が参加している。

このネットワークを活かして二〇〇九年には、世界環境デーの前後の期間に参加メンバーの全都市一斉に市民主体の海岸清掃を行う「一〇都市海岸クリーンアップ事業」が行われた。また各都市の国際イベントを活用して相互に連続的な観光プロモーションを行う「環黄海イヤー」や環黄海地区における環境モデル地区構築、環黄海観光ブランドの創出に向けた活動が行われている。

まさに国を超えて都市同士がつながり、共通利益のために協力を深める例といえる。そこには領土問題や歴史問題が入り込む雰囲気は感じられない。

北九州市と中国大連市との姉妹都市締結は一九七九年五月一日に行われた。この提携は都市形態が類似していることから北九州側が希望して実現した。

工業都市として厳しい公害を克服してきた経験を持つ北九州市では、大連市を中国における環境改善のモデル地域として位置づけた。そしてＯＤＡ（政府開発援助）を活用して環境改善のマスタープランを策定することを大連市側に提案した。この提案により日本政府のＯＤＡによる開発調査が一九九六年に採択され実施された。翌年には日中首脳会談で日中環境開発モデル都市構想が合意され、北九州市と大連市はその地域としての指定を受け、環境に関するさまざまな協力事業が行われた。

そうした成果をもとに、大連市は二〇〇一年に国連環境計画からグローバル五〇〇を受賞し、また同年には中国政府から北九州市長に中国国家友誼賞が授与された。北九州市では大連市との協力関係について一般市民への理解を広げるため、二〇〇三年には「環境友情物語」という冊子にまとめて広く配布している。まさに日中間の環境協力のお手本といってよいだろう。

二〇一二年度においても北九州市と大連市の間では環境をテーマに活発な交流が続けられており、特に上下水道技術に関する建設局関係者の相互視察、大連市からの研修生の受け入れ事業などが頻繁に行われている。

一方、日中関係の悪化のために、一部の事業が中国側の申し出によって中止になったと北九州市の担当者の指摘もある。中国側では事業を行ってよいかどうかに関して中央からの明確な指示がおりず、大連市当局者は混乱していたようだと指摘する。一方、対日感情は担当者レベルではきわめて友好的であり、政府レベルでの和解が進めば、姉妹都市としての関係改善は容易だと指摘する。

日中間の交流を目指す福岡市

福岡市は世界七都市と姉妹都市提携を結んでいる。一九六二年にはアメリカのオークランド市と提携し、一九七九年には中国広州市と、一九八二年にフランスのボルドー市、一九八六年にニュージーランドのオークランド市、一九八九年にマレーシアのイポー市と韓国の釜山広域市、二〇〇五年にはアメリカのアトランタ市と提携を行っている。

福岡市と広州市の間では相互の視察のための代表団の派遣・受け入れ事業とともに、福岡市は広州市と釜山市の双方とインターンシップを実施している。

この事業では、広州と釜山から日本語を学ぶ大学生を福岡に受け入れ、企業でインターンシップを経験させ、日本のビジネスや福岡に対する理解を深めることを目標としている。

二〇一三年度は広州、釜山からそれぞれ一二人の学生が七月中旬から八月初旬まで来日してインターンシップが行われている。この例は、単なる学生の相互訪問にとどまらず、姉妹都市間での経済交流を担う若手人材を育成したいという両姉妹都市の意気込みを感じさせるものである。

また福岡市では中国語弁論大会を行い、最優秀者を広州に派遣している。同様に広州で行われる日本語弁論大会に福岡市長杯を提供し、受賞者を福岡に招へいする事業を行なっている。また広州市内の大学の日本語学科に「福岡どんたく文庫」として、日本語図書を寄贈している。

市の関連団体として、福岡市・広州市医療交流事業実行委員会では、二〇一二年度に広州市から医師一名を福岡市立病院に受け入れて行う研修を二〇一〇年から隔年で実施している。また福岡アジアビジネス支援委員会では、広州博覧会に出展し、福岡市のプロモーションを行った。さらに同委員会では広州市で行われた広州国際食品及びホテル飲料設備供給サービス展覧会に参加し、中国での販路拡大の支援を行った。

福岡市のアジア戦略はまだまだ続く。同市は福岡アジア都市研究所を設立しており、第九回アジア太平洋都市サミット実務者会議を「みんなでつなぐ　人と地球にやさしいまちづくり」をテーマに開催して、広州市を含むアジア太平洋七ヵ国一八都市の行政実務者を集めた会議を行っている。

市民レベルの交流も盛んである。広州との姉妹都市交流を行う民間レベルのグループに福岡広州ライチ倶楽部がある。同倶楽部ではライチ狩り広州訪問ツアーを行ったり、「広州と孫文」と題した講演会の開催、飲茶《やむちゃ》会の実施、初級中国語教室の開催など多様な活動が実施されている。

さらに市役所の職員の相互派遣事業も実施されている。福岡市役所の職員一名を数年間、広州市役所に派遣しており、また広州市からも一名の職員が数年にわたり福岡市役所に派遣されてきている。

日中の外交上の緊張関係がもたらす姉妹都市交流の影響について、二〇一三年三月に面談した市の関係者は、市のトップ同士の交流はまだむずかしいが事務レベルでは以前とかわりなく交流が続けられていると述べている。

姉妹都市でのアンテナショップ

もう一つ九州の都市の姉妹都市提携を紹介しておこう。大分市と武漢市である。大分市は一九七九年九月七日に日中間の姉妹都市として一一番目となる提携を武漢市と結んだ。

北九州市と大連市の関係が行政主導であるとすれば、大分市と武漢市の関係は市民参加型の交流である点に特徴がある。三〇周年にあたる二〇〇九年までに両市間の人の往来は五〇〇〇人を超えており、その九〇％以上が市民によるものである。

姉妹都市提携を契機として、両市の教育分野では大分市立住吉小学校と武昌実験小学校など三校の小学校同士による学校提携が行われ、同様に三中学校、一高校、一短期大学、二大学の提携が行われている。

経済分野においては、株式会社トキハと武漢商場とのデパート同士の交流のほか、九州乳業株式会社が武漢で合作会社の設立、その他経済セミナーや経済懇談会への参加が行われてきた。文化芸術分野では、大分県県民オペラと武漢歌舞劇院との交流、大分県美術協会と武漢書道家協会との交流、大分交響楽団と武漢オーケストラの交流がある。

農業分野では大分温室協同組合が武漢から複数回にわたって研修生を受け入れており、医療分野でも大分市医師会と武漢市衛生局とが協力関係にあり、相互の視察団の訪問などが行われてきた。また大分市では市の職員を武漢市に一年半にわたって派遣しており、帰国した職員は現地の事情や人脈にも通じており、双方向のダイナミックな交流を支えるキーパーソンとして活躍している。

二〇一三年四月には、きわめて先進的な試みとして武漢市に大分アンテナショップが設置された。この施設は市民による提案を受けて実施されたもので、大分市が武漢市政府に働きかけ、大分の企業が自社製品を中国国内で売り込むことを目的としている。店舗の維持管理費用は進出企業間で按分することになっており、進出企業は社員を派遣し、中国での販売を目指している。

大分市ではこれまでも二〇一一年に大分の産品を武漢市で実験的に販売を行い、二〇一二年には「大分フェアin武漢」を開催してきた。そうした実績をもとに、さらに一歩踏み込んだ形でアンテナショップの開設にこぎつけた。日中関係の悪化が叫ばれる中で、大分市の積極的な姿勢は評価され、二〇一四年八月に自治体国際交流表彰総務大臣賞を受賞した。

日中自治体の温度差

総務大臣表彰を受けた大分市と武漢市との交流では、大分市側の戦略的、能動的な対応が顕著といえる。しかし、一般の日中間の姉妹都市提携では、日本側の姿勢はあいまいで、むしろ中国側の積極的、戦略的な姿勢が目につく。

日本側が中国との姉妹都市提携に求めるものは、多くの場合、いわゆる「文化交流」である。日中間には文化的な類似点も多いが一方で日中それぞれ独自の文化もある。そうした文化をテーマに市民が中国を訪問するということが通常行われてきた。そうした交流を通じて、市民の国際理解や国際親善に役立てばよいという姿勢である。

一方、中国側の意図はより具体的である。中国側は日本の自治体の持つさまざまな技術やノウハウを交流を通じて手に入れたいと考えてきた。通常、姉妹都市提携が決まると、中国はさまざまな派遣団を日本の姉妹都市に送ってくる。自治体の持つ都市計画、交通システム、港湾、環境のノウハウから地元にある農業、地場産業まであらゆる産業や技術に興味を示す。そうした技術を貪欲に吸収して、地域の発展に役立てようとする姿勢がきわめて明確である。

中国の地方政府は海外との姉妹都市交流にかかる費用について中央政府から支出を受けているわけではない。あくまでも地方政府独自の負担によるものであり、それを支弁するための費用対効果をしっかり考えているのである。

ただし中国側が技術吸収一辺倒で日本との友好親善に関心がないわけではない。日本側の意向をくんだ交流事業にも積極的に協力する姿勢を見せるし、また次世代を担う青少年交流にも積極的といえる。しかし、従来、資金の乏しかった中国の地方政府が最も関心を示したのが技術移転であることは間違いない。

中国の地方政府は日本の自治体の好意的な対応もあって、日本の技術を中国に導入することに大きな成功を収めたといえる。中国側の意欲及び能力の高さがその前提にあったことは間違いないが、日本側のおおらかな姿勢、協力的な対応があったからこそそうしたことが実現したことは間違いない。日中関係の緊張が高まる中で、日本からの恩恵を受けた中国の地方政府は日中交流の重要性について本来、もっと声を出すべきだろう。中国の体制の中では限界があるとはいえ、中国国内の対日世論の形成に影響を与える動きがあることが望まれる。

さて中国の地方政府は成果を生みだす交流を行うために、専門的な仕組みを持っている。地方政府の中には対外交流の政策を立案する外事弁公室があり、さらに外郭組織として対外友好協会がある。人口一〇〇万を超えるような市や省政府にはそうした組織が置かれ、専門職員が対外関係に当たっている。人口が数千万人に達する省政府では、それらの組織は外務省的な役割を果たす。もちろん、中央集権が徹底している中国で省政府が独自に外交政策を打ち出せるわけではないが、日本の都道府県と比べるとその陣容や専門性では比べ物にならないほどの体制を持っている。

省政府は通常、世界各国、数十の姉妹都市を持っており、英語、日本語だけではなく、フランス語、ドイツ語、スペイン語、ロシア語、韓国語など、言語専門職員を有している。また省内の各部署と積極的に連絡を取り合い、各姉妹都市の特徴を把握しながら、姉妹都市ごとの交流を戦略的に構築する方針を持っている。

語学専門の職員は外語大学を卒業しているだけではなく、海外への留学経験を持ち、通訳の技術や専門性を身につけているケースが多い。中国の地方政府は、日本の自治体にも職員を送り込んでいる。その多くは自治体国際化協会が実施するＪＦＴプログラムや翻訳や国際交流活動に携わるＣＩＲ（国際交流員）の制度を利用して来日する。彼らは日本の姉妹都市の事情に精通するとともに、日中交流の現場の橋渡し役のプロとしてキャリアを積んでいくことになる。

一方、日本の自治体の職員の専門性はきわめてお粗末である。自治体の職員は数年毎の人事異動によって専門性を深めることができず、語学が全くできない職員が担当することも多い。例外的に一部の自治体で採用されている少数の専門職以外は、専門性のない一般事務職員が数年間、姉妹都市交流を担当することになり、中国との体制の差は歴然としている。

中国の地方政府にも弱点がある。中国の地方政府は中央の顔色を見ているという点である。日本の自治体が政府の意向からかなり自由に姉妹都市交流を遂行できるのに対して、中国の地方政府の方針はあくまで国の政策に従順にならざるを得ない。本音レベルでは日本との交流を行いたくても、中央政府の意向が隅々にまで浸透しているのである。

中国から見た姉妹都市提携——江西省のケース

中国の長江南岸に位置する内陸部の省に江西省がある。省内では陶磁器の生産地として有名な景徳鎮があるが、経済的に必ずしも恵まれた省ではなく、国際交流の面でも遅れてスタートした。一九八四年に初めて省内の南昌市と旧ユーゴスラビアのマケドニア共和国のスカフリ市との間で姉妹提携をスタートさせて以降、江西省の姉妹都市交流事業は、一九八〇年代と一九九〇年代の緩やかな発展を経て、二一世紀に入ってから急速に進化した。

江西省外事僑務弁公室に勤務する曽広福氏は、南昌大学外国語学部日本語学科を卒業後、江西省に対日交流の専門家として勤務し、さらに日本での経験を積むため、早稲田大学大学院アジア太平洋研究科修士課程で修士号を取得した。

そんな曽広福氏は早稲田大学の留学中に、私が姉妹都市交流の専門家だと知って訪ねてきてくれた。彼は対日交流のエキスパートとして過去に江西省の姉妹都市である岡山県と岐阜県には何度も訪れており、彼の流暢な日本語のおかげで姉妹都市についての話が弾んだ。その後も、何度も話をする機会があり、お互いに日中の姉妹都市についての情報交換に努めた。

彼は「中日姉妹都市交流への提言」（中国江西省の姉妹都市交流の動向から）というレポートを

二〇一一年に書いているが、中国の地方政府の立場を知る上で極めて興味深いものになっている。

江西省内の姉妹都市交流は欧州から出発したが、その後、一九八八年に岐阜県との姉妹提携を皮切りに、二〇〇〇年までの一七件の姉妹提携のうち、日本との提携が五件と最も多かったという。しかし二一世紀に入ってからは、交流地域が五大陸に拡大し、二五カ国と六六件の提携にまで拡大している。とりわけ、アフリカと南米地域との提携が増え、それぞれ六件と七件となった。日本の姉妹都市提携の相手先として、アフリカや西アジアがすっぽり抜けていることを考えると、後発である中国の姉妹都市提携は全世界に広がっている。

姉妹交流を始めた当初、交流内容は行政や教育などに留まっていたという。しかし、現在では多角的な交流が行われるようになった。例えば、アフリカの姉妹都市の事例では、江西省が資金や技術や労働力を提供し、アフリカのインフラ建設や資源採掘などを支援し、双方に利益をもたらした。

また姉妹都市提携を増やすために様々な工夫をしている。例えば江西省から海外に移住した華僑は約二〇万人おり、そのネットワークを生かして南米と交流をする糸口を見つけている。南米に住む華僑を江西省に招待し、江西省および省内の市との交流相手を紹介してもらうことで、南米との姉妹提携を急激に増やし、その結果、今では重要な交流先の一つとなっている。

さらに近年、江西省の企業は海外への進出を活発化させており、特にアフリカでの経済活動が進展している。江西省国際経済技術合作公司はエチオピア、ジンバブエ、ボツワナなどの国でプログラムを持ち、所在国の政府および地方政府と築いたネットワークを利用してこれらの国の地方都市と姉妹提携を結ぶことを成功させている。

中国の地方政府の姿勢は世界の隅々にまでネットワークを張り巡らせ、そうしたことでグローバル化の最先端を走ろうとしているかのようである。世界とつながることが地域の成長につながるという前向きの姿勢が現れている。

日本の自治体にはこうした積極姿勢は現在ではあまり見られない。財政難に苦しむ自治体はできれば国際交流の予算を減らしたいと汲々としている。かつては海外との交流に意欲的であった日本の自治体は総じて内向き傾向が強まっている。

さて、曽広福氏は日中交流についても苦言を呈する。日本の自治体の深刻な財政難をよく知る彼はより実務的な交流が必要だと指摘する。

日本側は経済と地域の活性化をいかに実現するかに頭を悩ませている。他方、中国の地方都市は経済の高度成長に伴い、汚染や公害など環境問題が著しくなり、環境汚染の解決策を求めている。双方の解決には日中両都市の一層の協力が有益であり、経済交流をより具体的に実務的な目で推し進めるべきだと主張する。

日本の各地域は地場産品の中国での販路拡大や輸出によって経済の活性化を図ろうとしたり、中国からの観光客の誘致に取り組んでいるが、いずれも中国の姉妹都市による協力が得られやすい分野だと指摘する。そして互いの利益がどこにあるかを見出したうえで、協力するポイントを明確にし、双方に利益をもたらすことが重要だという。

興味深いのは彼が青少年交流にも力を入れるべきという点である。青少年交流は未来の利益に立って長期的展望で臨むことが不可欠であり、その長期化による財政負担を軽減するためには、効率化を図らなければならない。そして効率化は交流形式の多様化につながると指摘する。

例えば青少年訪問団の相互派遣だけでなく、インターネットを活用した学校間、学生間での通話によるイベントの共同主催や外国語会話を実施すれば、交流の目的を達成でき、金銭的な負担が少なくて済むという。

また複数の姉妹都市が協力した交流についても興味深い提案をする。例えば岡山県と岐阜県はそれぞれ江西省の姉妹提携先であるが、今はそれぞれが独立した交流となっている。これを三者で一つの交流枠として、新たな交流事業を立案すれば今までにない活性化が期待できる。岡山県には医療観光ツアーがあり、岐阜県には鵜飼と世界遺産ツアーがあるので、両県が協力して一つの観光ツアーを組み、江西省の協力を得て、中国各地でプロモーションを行えば、大きな効果を獲得できるというのである。

また中国の姉妹都市は日本とアフリカを結びつける役割を果たすことができるという。中国はアフリカ三〇ヵ国九八件の姉妹提携を持っている。日中の地方都市が連携を強化し、日本の技術と資金、中国のネットワークと労働力を生かして、アフリカの地方都市と経済を始めとする協力事業を展開することは大いに可能性があるのではないかと指摘する。

曽広福氏の提案は私個人からすれば極めて的を射たものであり、興味深い点が多いが、残念ながら現状の交流の維持にすら財源不足で困っている日本の自治体は提案に乗ってこない。閉塞感を打破し、未来を切り開くためには、都市として世界とのネットワークを構築するという意気込みが大切だが、残念ながら日本の自治体は中国の地方政府の後塵を拝しているのが今の状況である。

姉妹都市で育つ知日派のリーダー

日中の姉妹都市交流で興味深い事実がある。それは中国のリーダーのほとんどが日中の姉妹都市交流に携わる経験を持っているという事実である。中国では国のトップは地方政府の長を経験して出世していく。中国の地方政府のほとんどが日本と姉妹都市提携をしており、そのため、彼らのほとんどが姉妹都市提携によって訪日の経験を持っているのである。

習近平国家主席は福建省長や浙江省共産党書記を歴任した。その福建省は長崎県と姉妹提携関係にあり、また浙江省は静岡県と姉妹提携している。そのため習近平自身も姉妹都市交流の一環として、長崎県と静岡県を訪問し、姉妹都市交流の重要性について何度か言及している。こうした個人的な経験が日中関係の改善に直接役に立っているようには現在は見えないが、中国のトップが日本との草の根交流を直接経験していることは記憶しておいてよいだろう。

日中関係は領土問題などを巡ってギクシャクが絶えない。しかし、その一方で地域レベルでの連携は極めて広範なものになっている。日中関係の改善の兆しが見えれば、こうしたつながりが一層、活発になることは間違いない。日中間で三〇〇以上に張り巡らされた姉妹都市間の交流の絆は、揺り戻しの激しい日中関係を徐々に安定させる重しの役割を果たしているといえるだろう。

二〇一四年一一月に北京で開催されたＡＰＥＣ首脳会議で、安倍総理と習近平国家主席の会談が行われた。決して友好的な雰囲気とはいえないそっけないものだった。しかし、この会談をきっかけに日本との交流に疑心暗鬼の態度が見えていた中国側の姉妹都市担当者の対応がガラッと変わり、日本との交流に極めて積極的な姿勢に転嫁したと日本の自治体の責任者はいう。

中国の地方政府側も本音では交流をしたがっているのがよく分かるというのだ。不安定な外交関係の重圧はあるものの、姉妹都市という草の根レベルでの交流が日中関係の基盤になっていることは間違いないだろう。

日本のリードで始まった姉妹都市交流は中国の地方政府にとってどのような意味を持ったのだろうか。国際化が遅れていた中国。世界とつながる機会がなかった中国の地方政府の目を世界に向けさせ、国際的な意識を高めるうえで重要な役割を果たしたといえる。今では中国ははるかアフリカ、中南米に対しても積極的に姉妹提携を行っている。日本をはるかに追い越し、世界の姉妹都市提携をリードする存在にまで成長してしまった。

日本は手をこまねいて見ていてよいのか。中国と築き上げた関係を今こそ活用し、中国の日本にない活力をテコに日本としても世界に打って出るような戦略は建てられないものか。チャレンジ精神を失ったままではせっかくの日中の姉妹都市交流も宝の持ち腐れに終わってしまいかねない。是非、九州の取り組みを参考に頑張ってほしいものである。

では次章ではもう一つの日本の隣国、ロシアとの姉妹都市を見てみよう。つながりが一般に薄いと考えられるロシアとの間で、想像を超える極めて活発な姉妹都市交流が行われている。そしてそれは今後の日ロ関係にどのように影響するのかを考えてみたい。

参考文献

『中国から帰って』神戸市長宮崎辰雄、「兵庫国連ニュース」一九七二年一一月二五日

『日本の姉妹都市　一九九〇年版』編集発行　国際親善都市連盟、一九九〇年

『友好の絆三〇年の歩み　名古屋・南京友好都市提携三〇週年記念』名古屋市市長室国際室編集・発行、二〇〇九年

「河村たかし・名古屋市長が記者会見　南京事件の全面否定は誤解と釈明」東洋経済オンライン、二〇一二年二月二七日　http://toyokeizai.net/articles/-/8694

『知音　大分市武漢市友好都市三〇年のあゆみ』大分市文化国際課国際化推進室、二〇〇九年

青山瑠妙「日本の中国観の変遷と日中関係」『日米中トライアングル』岩波書店、二〇一〇年

「北九州市国際政策推進大綱二〇一一」北九州市国際政策課、二〇一一年ＨＰ

曽広福「中日姉妹都市交流への提言――中国江西省の姉妹都市交流の動向から」『自治体国際化フォーラム二六四号』(二〇一一年一〇月)

名古屋市市議会ＨＰ、平成二四年二月定例会、三月二日三号、http://www.gijiroku.jp/gikai/cgi-bin/WWWdispNitteiunit.exe
名古屋市市議会ＨＰ、平成二四年二月定例会、三月五日四号　http://www.gijiroku.jp/gikai/cgi-bin/WWWdispNitteiunit.exe
服部龍二「尖閣諸島領有権の原点と経緯」『外交 Vol.15, Sept. 2012』時事通信社
田中敦仁「日中国交正常化四〇周年を振り返り、今後の地方交流に生かす」『自治体国際化フォーラム 2013. Mar. Vol.281』自治体国際化協会、二〇一三年
『平成二三年度北九州市国際事業要覧』北九州市総務企画局国際政策課、二〇一三年
感知中国「交流の軌跡　中日友好のきずな　友好都市」、China Internet Information Center, http://japanese.china.org.cn/jp/archive/zryhhj/node_2185465.htm
自治体国際化協会ＨＰ　姉妹都市提携に係る周辺事情、http://www.clair.or.jp/j/exchange/jirei/shimai/hyougo.html
北九州市ＨＰ「中国・大連市との環境国際協力 https://www.city.kitakyushu.lg.jp/kankyou/file_0274.html
大分市ＨＰ「武漢市への大分アンテナショップの設置について」、http://www.city.oita.oita.jp/www/contents/1283236110571/index.html
『中国　日本　神戸　中国から帰って』神戸市宮崎辰雄、年代不明

第4章

自治体の対ロシア長期戦略

ロシアに対する親近感

一般的な日本人にとってロシアはなじみのない国だろう。日本人のロシアに対する親近感についての調査がある。

内閣府が行っている二〇一三年九月に実施した調査は、全国二〇歳以上の日本国籍を有する者三〇〇〇人を対象として行われた。

それによれば、ロシアに親しみを感じるかについては「親しみを感じる」とする人の割合が二二・五％（「親しみを感じる」二・六％＋「どちらかというと親しみを感じる」一九・九％）、「親しみを感じない」とする人の割合が七四・八％（「どちらかというと親しみを感じない」四九・七％＋「親しみを感じない」二五・一％）となっている。親しみを感じる人は二割強、親しみを感じない人は七割強という結果である。日本人の間ではロシアについては警戒感が強く、親しみやすいロシア人のイメージはできていないといえる。

これはロシアの国際社会での振る舞いや北方領土問題が解決していないことが影響している。さらに、後述する姉妹都市交流を除けば、日ロの市民の間での交流の機会が乏しく、政治や外交のニュースによってのみイメージが形成されていることが大きい。かつてロシア文学は日本でよく読まれたが、最近の若者の関心は薄い。じっくり腰を落ち着けて重厚なロシア文学に取り組む人は今では希少種かもしれない。

スポーツはどうだろうか。アイススケートやテニスなど一部のスポーツでロシアの選手はなじみがあるものの、そのことが日本人のロシアに対するイメージ改善にそれほど貢献しているとは思えない。

日本ではロシアについての好印象がないなかで、ロシアでの対日感情は対照的だ。二〇一〇年、日本の外務省が現地の民間調査機関に委託してロシアにおける対日世論調査を行った。

その調査によれば、対日関心が中程度以上あると回答した人が五〇％、全く関心がないとした回答が二一％と、日本に対する関心が高いことがうかがえる。また日ロ関係については九〇％の回答者が重要又は絶対に重要であると回答しているのも興味深い。さらに両国関係を良好又はとても良好と評価した者が七三％と高く、悪いと評価した人は一五％に過ぎない。日本人とロシア人の間で大きな認識のギャップがあるといってよいだろう。

また関係を強化すべき分野としては外交・安保（三二％）、貿易・投資（二三％）、科学技術（二三％）があげられている。極東・東シベリア地域での両国間協力の現状については、四九％の者が不十分なのでもっと協力すべきと回答しており、日本への信頼度については四一％の者が信頼できる、三八％が信頼できないと信頼が信頼できないを上回っている。

第二次世界大戦後に両国間に平和条約が締結されていない事実については四二％が知っている、五六％が知らないと回答し、北方領土交渉については七六％が現在も四島の帰属について交渉が続いていることを知っている。また北方領土問題について両国が相互に合意すべきと考える人が三二％いる一方、五三％が四島は今後ともロシアに帰属すると考えている。

日本人についての回答では、良い側面として「勤勉（六八％）」「伝統・文化を大切にする（四一％）」「協調的（二八％）」が上位を占め、主要国の中で最も親近感を持つ国については、フランス（二一％）、独（二六％）、英（一一％）、米（一〇％）に次いで日本（八％）が五番目に入っている。

しかし、こうしたロシア人の好評価とはうらはらに両国の間の交流は進んでいない。人の交流の面では日本人のロシアへの訪問者数は二〇一三年には一〇万二四〇八人に留まる。この数はたとえば、同じ隣国である中国の二八七万七五三三人、韓国の二七四万七七五〇人と桁外れに小さい数である。

そうした細々とした日ロ交流の中で、四〇を超える日ロの姉妹都市提携はきわめて重要な意味を持つといえるのではないだろうか。しかも日ロの間の姉妹都市交流は歴史があり、想像以上に活発な交流が行われている。日ロの和解を先導する役割が姉妹都市交流に秘められているのかもしれない。

冷戦期から始まったロシアとの交流

最初に日ロの姉妹都市提携の全体像を見てみよう。

日本とロシア（当時はソ連）との姉妹都市提携は、一九六一年六月二一日に行われた京都府舞鶴市とナホトカの提携が最初である。これは日本で最初の姉妹都市である一九五五年の長崎市とアメリカ・セントポールの提携からわずか六年後である。共産圏はおろか、アメリカに対しても自由な渡航ができなかった時代に、ソ連との姉妹提携が行われている。

日本を取り巻く近隣諸国の中で最も古い姉妹都市の相手先は韓国でも中国でもなくロシアということになる。当時、冷戦時代にあったことを考えるとこれは極めて異例のことといえるだろう。なぜそうした時代にロシアとの姉妹都市提携が行われたのか？　そこには「ソ連（ロシア）との交流こそが地域の発展の絆」という強い意識を持つ日本の自治体があったからに他ならない。

その状況を確認するために、まずどの地域がロシアと交流しているかを見てみよう。

日本とロシアとの姉妹都市提携は、他国の提携と大きく異なる地理的特徴がある。それは北日本の日本海側の地域および北海道に集中するという点である。一方、関東、東海、四国、九州は皆無である。この地理的偏在は何を意味するのだろうか？　ロシアとの地理的距離感が交流の意欲に大きな影響を与えている。

関東、東海、四国、九州に住む人間にとってロシアはまさに遠い異国である。日ロ関係は発展しているとはとてもいえない状態にあり、ロシアのニュースはモスクワを中心とする政治、経済の情報が中心である。

ところが北海道や東日本の日本海側の地域では状況は少し異なる。海を隔てた対岸の国がロシアであり、歴史的にもきわめて古い交流が記録されている。日本にとって最も近いヨーロッパがロシアであり、その距離は最短で四〇数キロメートルしか離れていないことに多くの日本人は気がついていない。北海道の稚内とサハリンとの間には夏期にフェリーが運航されており、両者は海を隔てた隣町の関係にある。ロシアとの地理的近さが北海道などでは姉妹都市提携を行う大きな要因になっている。

しかし、距離の近さの一方で、日ロ間には平和条約が締結されておらず、北方領土という極めてセンシティブな未解決の問題が残されていることも事実である。冷戦下においてソ連は日本にとっての仮想敵国であり、姉妹都市交流もそうした国レベルの緊張関係の影響を受けてきた。冷戦後になっても、領土問題の解決は進まず、現在においても両国間の全面的な交流には至っていない。

だからこそ、姉妹都市交流を行うことで、日ロ関係の改善を図りたいという明確な意図もうかがえる。さまざまな制約を抱えながらも、姉妹提携を通じて両国の都市はさまざまな交流を重ねてきている。

日ロの姉妹都市提携は時期にも大きな偏りが見られる。一九七〇年代と一九九〇年代に新たな姉妹都市提携は急増しており、とりわけ一九九〇年代の増加が大きい。しかし、その傾向は二〇〇〇年以降には継続されておらず、一九九〇年代に新たに一七件の姉妹都市提携が行われたのに対して、二〇〇〇年代にはわずか四件に留まっている。二〇一七年一一月末現在、ロシアとは一〇都道府県が提携し、また二九の市町が三四の提携を行っている。

九〇年代は、ロシア（ソ連）ではペレストロイカ政策による民主化からソ連解体、ロシア連邦の成立に至る時期に相当する。日ロ関係が大きく好転するのではないかとの期待が高まった時期だが、その後、大きな変化は現れず、そのことがその後のロシアとの新たな姉妹都市提携の低調さにつながっている。

ロシアへ掛ける思い

最も早い時期にソ連と姉妹都市を結んだ例として舞鶴市と新潟市がある。二つの都市がどのような意図を持ってソ連との姉妹都市提携に取り組んだのかについて取り上げてみたい。

ソ連との最初の姉妹都市提携は、一九六一年六月に行われた舞鶴市とナホトカ市の提携である。舞鶴市は日本海に面し、ロシアからの旧日本兵の引揚港として知られていた。引揚者の乗船港と下船港としての縁の深いナホトカ市と友好を深め、日ソ両国の友好強化に寄与しようとする気運が高まっていた。

ナホトカは一九五九年にロシアの外交官で政治家であったニコライ・ニコラエヴィチ・ムラヴィヨフ＝アムールスキー伯爵が率いる探検隊によって発見された地である。伯爵の率いる小型軍艦は新しい入り江に入り、その入り江はナホトカと命名された。ナホトカとはロシア語で「掘り出しもの」を意味する。一八六四年には入り江に一〇〇人が掘立小屋を立てて軍事基地がおかれた。現在、ナホトカはロシア極東で最も大きな港湾都市の一つとなっている。

一九五六年一〇月に行われた日ソ共同宣言の調印の直後となる一九五六年一二月一五日に舞鶴市の市議会はナホトカ市に対して友好と交易の拡大に期待する決議を行った。さらに一二月一八日には、国交回復後初の就航船である興安丸に託してメッセージをナホトカ市に送った。

日本にとって最初の姉妹都市であるアメリカとの提携が始まったばかりの時期、まだ一般人の海外渡航が許されていなかった時代に、舞鶴市がそれまで国交がなかったソ連のナホトカ市に対して姉妹都市提携を早速、提案したのである。

舞鶴市の当時の市長、佐谷靖は一九五八年八月にナホトカ市を訪問し、イ・エヌ・デウボフカ市長に対して両市の提携を提案し、ナホトカ市側の賛同を得ることができた。しかし、そう簡単に姉妹都市提携は進まなかった。ソ連政府の承認が必要だったのである。

両都市の合意だけでは日ソ間の正式な姉妹都市提携を行うことはできないと知った舞鶴市は、その後、ソ日協会や駐日ソ連大使館を通じて提携実現に向けて粘り強い交渉をすることになる。ソ連の扉を開けることは容易ではない。しかし、舞鶴市はくじけず、姉妹都市提携に向けての取り組みを続けた。

当時、舞鶴市は平和な港湾工業都市の建設を目ざしており、ナホトカ市との姉妹都市提携には、貿易、経済面での交流拡大に対する期待も込められていた。姉妹都市提携の実現に向けて、舞鶴市は一九五七年二月にはチフビンスキー駐日ソ連代理大使一行を舞鶴に招くとともに、同年一二月には、日ソ定期航路の舞鶴港指定獲得のために市民大会を開催するなど、ソ連との貿易拡大に向けて、まさに舞鶴市民が一丸となってナホトカとの姉妹都市提携に取り組んでいたといえるだろう。

日本が敗戦から徐々に復興の道を歩み始める中で、日本海地域は取り残されつつあった。日本海側よりも太平洋側が脚光を浴びるようになり、対岸の大陸との交易で栄えた舞鶴市としては、なんとかソ連との関係を強化することで、市の発展を目指そうとしたと考えられる。

一九五八年六月には日ソ定期航路（横浜とナホトカ間）開設協定が締結され、ようやく舞鶴港はその寄港地に指定された。また市民の間でもソ連に対する関心や交流の機運を高めようと、一九五九年四月には舞鶴ロシア語講座が市民有志によって開講されている。

一九六一年五月、舞鶴市は姉妹都市提携がようやく実現する旨の連絡を駐日ソ連大使館から受けとった。翌月の六月にはデウボフカ市長一行が舞鶴市を公式訪問し、姉妹都市提携の調印が行われる運びとなった。

舞鶴、ナホトカ両市長はどのような意義を姉妹都市提携に感じていたのだろうか。両市長は、舞鶴市で行われた会談で、姉妹関係の樹立によって、両市の文化、産業、相互発展に役立つとともに、その提携が日本海地域及び全世界における平和に貢献することで意見の一致を見た。

デウボフカ市長の舞鶴訪問に対して多くの舞鶴市民は、日ソ両国の国旗を持って出迎え、調印式が行われた公民館には市民約千名が参集して盛大に調印式は行われたという。

提携の文書は以下のとおりである。

舞鶴市とナホトカ市の姉妹関係及び友好関係設定に関する共同声明

一九六一年六月二一日舞鶴市長佐谷靖とナホトカ市長イ・エヌ・デウボフカとの間に話し合いが行われた。

相互理解と協力のふん囲《マ》気《マ》のうちに行われたこの話し合いによって、舞鶴市とナホトカ市との相互関係に関する諸問題について広範かつ公然たる意見の交換が行われた。

舞鶴市とナホトカ市は、両市の姉妹関係と友好関係の設定は両市の文化・教育・保健並びに経済の分野における相互交流の発展に役立ち、日本海及び全世界における平和に寄与することについて完全に意見の一致を見た。

双方は次の諸事業を行なうことを約束した。

一　ソビエト社会主義共和国連邦と日本との間の平和条約のすみやかな締結に協力すること

二　市の行政機関の機構及び活動に関する情報交換

三　両隣国の歴史・文化・現状に関する両市民の情報交換

四　両国間の互恵の通常関係の発展に協力すること
五　市民各層の代表団（労働組合・婦人・青年その他職種別代表）の交換に協力すること
六　新聞・雑誌・科学技術文献の交換に協力すること
七　両市民の文通に協力すること
八　両市の学校間の協力を援助すること
九　両国民と両市民の生活に関する写真展・記録映画フイルム・スチール・レコード・紹介文書の交換の実現
十　両市の友好関係の強化と日本海沿岸地方の平和の強化に資するその他種々の事業の実行に協力すること

日本京都府舞鶴市長
佐谷　靖

勤労者代表ソビエト執行委員会の委嘱により
ソ連邦沿海州ナホトカ市勤労者代表評議会執行委員会議長
イ・エヌ・デウボフカ

一九六一年六月二一日　舞鶴市において

本共同声明において特徴的なことは、第一項目に日ソ間の平和条約の速やかな締結を謳っていることである。

この姉妹都市提携が日ソ間の初めての締結であり、この姉妹提携が両国間の関係改善に貢献することへの強い期待が込められている。単なる自治体同士の地域レベルの連携を超えて、国レベルのより深い連携へと発展することを両都市は望んでいたことがうかがえる。

また交流の担い手として自治体同士だけではなく、幅広い市民各層の参加を謳っていることも興味深い。共産圏との交流でどこまで市民レベルの交流が可能かという疑問が浮かぶが、少なくとも両市は幅広い市民レベルの交流を目指していたといえる。

また交流の分野においても、歴史、文化といった広範な領域とともに、市民同士の相互理解に役立つフイルム・スチール・レコードなど、具体的な交流メディアについても触れている。こうした例は他の姉妹都市提携書では見られない。両市の間では単なるお題目を掲げての姉妹都市締結ではなく、具体的な交流事業のあり方までも細かな調整が進んでいたのだろう。

二〇一一年、両市は姉妹都市提携五〇周年を迎えた。二〇一一年四月二九日には第四八回通信体育競技会が西舞鶴高校において開催され、男子一五競技、女子一一競技、計一九八人の生徒が参加した。

同年六月には、オレグ・コリャディン市長を代表とするナホトカ市代表団七人が来訪し、記念植樹や五〇周年の記念式典に参加した。八月にはロシア・ヤクーツク市において第二三回日ロ沿岸市長会議が開催され、舞鶴市からは馬場俊一副市長が参加し、ナホトカ市のストロエフ副市長と個別の会談を行った。一方、舞鶴市からは八月に舞鶴市少年野球訪問団一八人がナホトカ市を訪問して現地で交流試合やキャンプイベントに参加した。

二〇一一年に刊行された『五〇年のあゆみ　舞鶴市・ナホトカ市姉妹都市提携五〇周年記念誌』には舞鶴市、ナホトカ市両市長がメッセージを寄せている。

多々見良三舞鶴市長は日ロの最初の姉妹都市提携であることに関して「この五〇年間、国家体制や経済状況など、両市を取り巻く情勢が著しく変化する中においても、両市市民はこれまで、日ロ両国間の市民交流の先駆者として、常に新しい交流分野を開拓してまいったところでありますが、この様な努力が実を結び現在に至りましては、姉妹都市交流の輪が大きく広がり、両市間はもとより日ロ間、さらには東アジア地域の友好交流の発展に両市間交流が大きく貢献しているものと思っております」と記している。

また青少年のスポーツ交流が近年では盛んであること、人材の育成に貢献していることとともに、経済面では舞鶴港が日本海側拠点港に選定されたことに伴い、これまで以上に経済、貿易、観光の分野での協力を拡大することの期待が述べられている。

一方、オレグ・コリャディンナホトカ市長は青少年交流の重要性に触れ、野球がナホトカの若者の間で最も人気のあるスポーツになったのは舞鶴との交流の成果であると記している。また両市の多くの共通性の一つとして両市の港を上げ、戦略的に重要性を増していること、ナホトカ市内に舞鶴港事務所が開設されたことに触れている。

半世紀が過ぎた後、両市の姉妹都市提携をどのように評価したらよいのだろうか。共同声明の最初に謳われている「ソビエト社会主義共和国連邦と日本との間の平和条約のすみやかな締結に協力すること」は実現していない。日ロ間ではいまだに平和条約が結ばれておらず、舞鶴市やナホトカ市が当時期待していたようなレベルの日ロ間の経済発展は行われなかった。両都市はその後、大きな発展を遂げることなく、いまだ将来の日ロの関係改善を待つ状態が続いている。

両都市が交流に手を抜いたわけではない。政府レベルでの日ロ関係の改善が進まず、その結果、日ロ交流の先導的な役割を担った舞鶴市とナホトカ市だが、その努力は国を動かすことはできなかった。では、意味はなかったのか？　そうではないだろう。その後、日ロ間には多くの姉妹都市が結ばれ、それらは厳しい環境が続く日ロの関係の中で、草の根レベルの相互理解に大いに寄与している。将来の大輪の花を咲かせるための土壌作りの一歩を担ったことは評価されるべきだろう。

新潟市

日本海側に位置する最大の都市の新潟市は北東アジアの中の日本を代表する拠点を目指している。その基盤となっているのはハバロフスク市との姉妹都市提携である。一九五七年五月、戦後初のソ連船の入港があったのは新潟港だった。一九五八年六月には新潟商工会議所が日ソ定期航路に関する陳情を運輸省に行っている。

一九六二年、渡辺浩太郎新潟市長はソ日協会の招きで文化使節の団長としてソ連各地を訪問し、当時ロシア極東都市で外国人に門戸を開いていたハバロフスク市に立ち寄った。一九六三年四月にヴィノグラードフ駐日ソ連大使が新潟を訪れた際、渡辺市長は極東の都市との交流を申し出て、大使からハバロフスク市との交流の提案を受けて直ちにその案を受け入れた。

当時、ソ連の極東の都市で外国人を受入れることができたのはナホトカ市とハバロフスク市しかなかった。ナホトカ市はすでに舞鶴市の姉妹都市となっていた。一方、ハバロフスク市は日本海ではなくアムール川に面してはいるが港湾施設があり、三〇〇〇トン級の木材船も日本海に出入りをしていた。

そこで両市の間では姉妹都市提携に先立ち、児童画や版画などの交流が始まった。民間レベルの相互訪問が行われ、一九六四年の新潟地震の際には被災直後にハバロフスクから救援木材が寄贈されということもあった。

一九六四年九月には新潟市長がハバロフスク市を訪れ、姉妹都市提携に関して具体的な話合いが行われた。翌一九六五年四月二三日、新潟で「ソ連極東物産展」が開催される時期に合わせて、ハバロフスク市長が新潟市を訪問し、姉妹都市提携の調印が行われた。

提携文は以下のとおりである。

宣言

新潟市並びにハバロフスク市は、一九六四年九月一六日ハバロフスク市に於いて行われたハバロフスク市執行委員会議長と新潟市長の共同声明に基づき、今日まで経済文化の相互交流を通じて友好関係を深めるための努力を積極的に続けてきた。

更に新潟市議会並びにハバロフスク市勤労者代議員会議は善隣友好の原則に基づき、日本海沿岸地域共栄のための努力が世界の平和と繁栄の途につながるよう熱望している両市と市民の意思を代表して、都市提携の実を挙げるよう既にそれぞれ決議をもって現実の情勢に応えている。

諸般の動向を前提として既に両市友好の絆を強め、経済文化をはじめ万緒の交流を促進するため、具体的事例のとりきめについては、これを別紙協定とし、新潟市渡辺浩太郎とハバロフスク市執行委員会議長ユ・ヴェ・ドムニンは、新潟市とハバロフスク両市が信頼と希望の上に立って兄弟都市の縁を結んだことをここに宣言する。

ロシアとの間の姉妹都市ということもあり、ロシアに敬意を表して兄弟都市という名称が使われている。またこの宣言文には経済文化ということばが二ヵ所出てくるが両市が経済交流を志向したことの現れである。

事業に直接関わった元新潟市職員でロシア担当を務めていた市岡政夫は、両市が経済交流に高い期待を持っていたと指摘する。しかし、両市は一九七二年まで七回、姉妹都市貿易を行うが純粋に両都市の物産が交換されたのは一回のみでしかなく、全体としても小規模の取引で終わってしまったと述懐している。

その理由としてお互いが必要とする物産を相手地域で見出すことができなかったこと、地元経済界の関心が薄かったこと、国際貿易の専門家が不足していたこと、ソ連側では国際貿易に地方政府が関与できなかったこと、東京の専門商社は地元産品の扱いに関心が薄かったことを上げている。

現在、両市の交流は文化面での交流に重点が置かれているようだ。二〇一五年の五〇周年の前年、二〇一四年八月、和太鼓の岩室太鼓のグループが新潟市文化団としてハバロフスクを訪れ、同市文化会館で新潟・ハバロフスク姉妹都市提携プレ五〇周年記念公演を行った。文化団のメンバーは小学生六人を含む全一六人でその力強い和太鼓の響きは、会場を埋め尽くしたハバロフスク市長ら約七〇〇人の市民を魅了したという。

新潟市役所にはハバロフスク市出身のカームリヤ・ドミトリー氏が国際交流員として勤務し、ロシアについての理解を深める仕事に従事した。ハバロフスクの旅行会社で日本人旅行者関係の業務に携わったのち、二〇一〇年から新潟市で働いたが、ロシアについてのイメージが暗いことが気にかかったという。ロシアについて一般市民のイメージが暗く、それを改善するには交流の機会を作る必要があるという。

新潟市はロシアともう一つ姉妹都市提携を行っている。相手はウラジオストク市である。ウラジオストクはソ連の太平洋艦隊の司令部が置かれ、その主要な基地となっていたため外国人の訪れることのできない都市だった。

しかし、一九八六年七月、ゴルバチョフ共産党書記長がいわゆるウラジオストク演説を行ったことが契機となって状況が変わり始めた。この演説は、ウラジオストクの開放とともにアジアの国々との関係強化を訴え、冷戦終結へ向かって進みだすきっかけとなった。

新潟市はすでに姉妹都市であったハバロフスク市の了解を取り付けた後、一九九〇年七月に若杉市長がウラジオストク市を公式訪問し、開放後、両市は姉妹都市関係を樹立する旨の共同声明を発表した。

その後、一九九一年二月二八日にブリノフ・ウラジオストク市長一行を新潟市に迎えて、姉妹都市提携の調印式が行われた。なお、ウラジオストク市が正式に開放されたのは一九九二年一月一日となった。両市の間では代表団の相互訪問、文化・スポーツ交流、チャーター便による「友好の翼」派遣などの交流プログラムが実施されている。

能美市

もう一つ小さな町でもロシアとの姉妹都市交流が活発に行われている例を見てみよう。石川県能美市とロシア、イルクーツク州のシュレホフとの交流である。イルクーツクはバイカル湖のあるシベリア南部の州である。

能美市は二〇〇五年に根上町と寺井町、辰口町が合併して作られた市である。一九七六年に旧根上町とシュレホフ市との姉妹都市交流が開始されたが、当時の森茂喜根上町長（森喜朗元総理の父）が、ロシアとの交流にきわめて積極的に関わったことが契機となっている。シベリア抑留の体験者であった森町長は日ソ友好協会の会長として、一九五〇年代から日ロ交流に尽力した人物で、一九六〇年代に石川県知事らとイルクーツク州を訪れたことが姉妹都市提携につながった。その後、中学生を中心に活発な交流が行われてきた。

市の合併後、「姉妹都市間における協力に関する提携書」が再締結され、児童団、使節団、文化・芸能団、スポーツ団の交流が謳われている。

二〇一五年七月にはシュレホフへ派遣される少年親善使節団の壮行会が根上総合文化会館で行われ、教育長らが臨席し、中学生はロシアで披露する歌・ダンス・演舞を披露した。また訪ロを前に、中学生は一〇回のロシア語講座を受けており、覚えたロシア語を発表している。

故森町長はシュレホフ市の名誉市民となっており、死後、森元町長の遺骨は分骨され、二〇〇一年にシュレホフ市の墓地に埋葬されている。また森秋子同夫人も遺言で夫の横に夫人の遺骨の一部も埋葬された。イルクーツク市には、森茂喜元町長の記念碑が建立されている。

北海道のロシア戦略

北海道にとってロシアとの関係は、北海道全体の経済発展に関わる大きな課題である。日ロ関係が好転し、両国の間で自由な交易が行われ、人の往来が活発化すればその最前線に位置する北海道は大発展する可能性が大きい。九州が中国、韓国、東南アジアとの連携を深めることで地域経済の発展を目指しているのと相似の関係が、北海道とロシアとの間にはある。

ロシアとの関係改善が北海道にとって大きな福音をもたらす可能性がある一方で、現実には北方領土問題を抱えており、国レベルでの信頼関係がしっかり根付いているとはいえずロシアとの関係は貿易、人的交流の面でも不自由さがつきまとう。

左の表のように二〇一四年一一月末現在、北海道内の自治体とロシアの間には、一二市一町一村が一七の姉妹都市提携を結んでおり、北海道自体も北隣にあり、北方領土を管轄するサハリン州（旧樺太）と提携を行っている。サハリン州との姉妹提携は最も多く一七のうちの一二を占めている。

サハリン州以外も沿海地方、ハバロフスク地方、カムチャツカ地方は北海道に海を隔てて隣接しており、距離的に近い都市が姉妹都市の相手先として選ばれている。距離的に離れているのは、ノボシビルスク（札幌市）、ウラン・ウデ（留萌市）の二つに過ぎない。まさに近隣地域を意識し

北海道とロシアとの姉妹都市

都市名	相手都市	締結年月日	共通点
北海道	サハリン州	1998.11.22	隣接
小樽市	ナホトカ（沿海地方）	1966.9.12	日本海の対岸都市
旭川市	ユジノサハリンスク（サハリン州）	1967.11.10	地理状況が近似
留萌市	ウラン・ウデ（ブリヤート共和国）	1972.7.5	
北見市	ポロナイスク（サハリン州）	1972.8.13	林業で栄える都市
稚内市	ネベリスク（サハリン州）	1972.9.8	宗谷海峡の対岸都市
同	コルサコフ（サハリン州）	1991.7.2	宗谷海峡の対岸都市
同	ユジノサハリンスク（サハリン州）	2001.9.9	宗谷海峡の対岸都市
釧路市	ホルムスク（サハリン州）	1975.9.28	港湾都市
札幌市	ノボシビルスク（ノボシビルスク州）	1990.6.13	
猿払村	オジョールスキ（サハリン州）	1990.12.25	宗谷海峡の対岸都市
紋別市	コルサコフ（サハリン州）	1991.1.12	宗谷海峡の対岸都市
名寄市	ドリンスク（サハリン州）	1991.3.25	地理状況が近似
天塩町	トマリ（サハリン州）	1992.7.28	日本海東岸に面する
函館市	ウラジオストク（沿海地方）	1992.7.28	日本海の対岸都市
同	ユジノサハリンスク（サハリン州）	1997.9.27	航空便が両市間就航
石狩市	ワニノ（ハバロフスク地方）	1993.6.3	日本海の対岸都市
根室市	セベロクリリスク（サハリン州）	1994.1.27	千島列島の両側

『日本の姉妹自治体一覧　2011』や自治体国際化協会のウェブページを基に筆者作成

ての姉妹提携が行われているといえる。

北海道と北海道の真北に位置するサハリン州は一九九八年一一月に姉妹都市提携の調印を行った。その距離は四〇数キロしか離れていない。両地域の関わりは深く長い交流の歴史に彩られている。その歴史は幕末から始まるが、戦後、日ソが国交を回復するのは一九五六年である。しかし、国交を回復した後、世界は冷戦に陥り、米ソの二大大国の両陣営は対峙することになる。そうした状況下にあって日本とソ連との交流は停滞する時期が長く続いた。

しかし、冷戦の状況の中でも細々とではあるが日ソ間の交流は行われた。一九六六年からサハリン墓参が行われるようになり、一九七二年からは北海道とサハリン州を含む極東三地域との親善スポーツ交流が実施されるようになった。

一九九〇年になると北海道開拓記念館（現北海道博物館）とサハリン州郷土博物館との学術交流が行われた。北海道とサハリンとの人々の気持ちを結びつける事件が起こったのも同年である。サハリン州に住む三歳のコースチャ君は母親が沸かした熱湯で全身の大火傷を負った。その数日後には、サハリン州政府から北海道庁への救援要請がなされ、特別の措置として法務省の「仮上陸」によって日本での治療が行われることになった。サハリン州から日本への輸送は海上保安庁のＹＳ－11によって行われ、札幌医科大学付属病院での緊急手術を受けて一命を取り留めたのである。

この感動的な救命活動は、日本とソ連との間のこじれた関係を解きほぐすきっかけになった。

多くの義援金が寄せられ、コースチャ基金が一九九二年に設立された。国レベルの関係が硬直する中で、こうした心温まる交流によって北海道とサハリンとの姉妹提携の土台が作られていったといえよう。

北海道とサハリン州の姉妹都市の直接のきっかけは、一九九五年九月にサハリン州知事が会議のために北海道を訪問したことである。

この時、ファルフトジノフ・イーゴリ・パヴロヴィチ州知事から北海道堀達也知事に姉妹都市の申し出がなされ、北海道知事も強い賛同の意を示した。翌年には北海道日ロ協会とサハリン日本協会の共催による「北海道・サハリン州姉妹友好都市代表者会議」が札幌で開催された。

北方領土への協力

一九九七年九月、北海道知事がサハリン州を訪問してサハリン州知事と会談を行った。北海道とロシア連邦極東地域との経済協力に関する会議の出席が目的であったが、その際「友好・経済協力に関する提携」に向けた取り組みに着手することなどを盛り込んだ共同声明の調印がなされた。これは姉妹都市提携の前段階である。両者が極めて慎重に姉妹都市提携への道を進んだことがわかる。

この共同声明では「双方は、北海道とサハリン州の多年にわたる交流の積み重ねにより培われてきた友好と信頼関係を基礎とし、来るべき二一世紀を展望しつつ、各界各層に協力を呼びかけ、友好・経済協力に関する提携に向けた取組に着手することが適切であると認識する」と謳ってぃる。ここには、未来志向の関係を相互に築きたいという意図が表れている。また相互の経済協力への期待が高いことが伺える。

さらに興味深いのは「双方は、択捉島、国後島、色丹島及び歯舞群島での双方の立場を害さない共同経済開発の可能性についての研究に着手する用意のあることを表明する」との文言が盛り込まれたことである。

慎重な言い回しだが、国レベルで暗礁に乗り上げている北方領土について、日ロの地元の自治体同士が一足先にその発展について一定の合意を目指そうとしたのである。国レベルでは対立していても、北方領土を抱える地域同士では友好関係がすでにできている、隣接する地域同士、友好促進で得るものはあったとしても対立では失うものしかない。そうした共通の意識の存在が、両者が一歩踏み込んだ文書を共同で作成した背景にあるのだろう。

北海道とサハリンとの友好関係の取り組みは姉妹都市提携に向けてさらに続く。一九九七年一二月には北海道議会に北海道・サハリン州交流促進北海道議会議員連盟が設立された。一九九八年六月には、北海道議会において全会一致で北海道とサハリン州との友好・経済協力促進が決議されている。

こうしたプロセスを経て、ようやく一九九八年一一月二二日、サハリン州ユジノサハリンスク市において姉妹都市提携の調印式が行われ、北海道知事のほか、道議会、民間など二八人が参加して行われた。

近年も活発な交流が継続している。二〇一三年九月には高橋はるみ北海道知事がサハリン州を訪問し、二〇一四年一一月にはホロシャビン・サハリン州知事が一一月に約五〇人の経済ミッションの団長として北海道を訪問している。

稚内市

続いて北海道内の自治体とロシアとの姉妹都市提携について見てみよう。北海道の中でロシアと複数の姉妹都市を持つのは稚内市と函館市である。サハリンに最も近い稚内市は一九七二年にサハリンのネベリスク市と友好都市提携、一九九二年に同じくサハリンのコルサコフ市、二〇〇一年にもサハリンのユジノサハリンスク市と都市提携を行い、三つの姉妹都市をロシアに持つ。なぜ稚内市はそうした行動をとっているのか？

稚内市内には宗谷岬があり、そこからサハリン島最南端のクリリオン岬まで四三キロメートルの距離にある。稚内市とサハリンのコルサコフとの間には一九九二年から夏期にはフェリーボートが運行されており、両市間を五時間半でつないでいる。

三つの都市と姉妹提携を同時に行いながら、それぞれの都市と活発な交流を行っている稚内市はロシアとの交流に対して熱い姿勢を持っている。二〇一四年には市内の高校生をネベリスク市へ送り、現地でホームステイを実施している。また同市から高校生を迎え入れ、ネベリスク市を訪ねた生徒や関係者の家庭にホームステイが行われた。

コルサコフ市からは児童グループと引率者を二回の分けて受け入れ、市内の工芸家の工房の訪問や卓球の交流を行っている。ユジノサハリンスク市とは北海道産品の販路開拓・拡大のための「ユジノサハリンスク道北物産展二〇一四」を開催した。またそれぞれの市から図書館業務をテーマに職員を受け入れ、市内の各施設の視察とともに、関係職員との懇談、意見交換が行われている。

市役所と平行して、稚内商工会議所ではロシア人研修受入事業を一九九四年より実施している。二〇一四年までの二一年間で九八名が研修を修了している。研修生は、姉妹都市であるコルサコフ市、ネベリスク市、ユジノサハリンスク市の各市長推薦者で、稚内市内の企業が受け入れ先となっている。

毎年、一～二ヵ月程度で実施されており、稚内での生活を体験したロシア人の中から起業家が生まれており、稚内との貿易の相手方となるケースもあるという。

二〇年以上にわたる交流の積み重ねは大きい。友人としてサハリンから若手経済人を受け入れ、稚内の地元企業でのさまざまな経験を積ませるこの事業はサハリンにとっても大きな意義を持つものになっている。稚内では、市役所は青年層の交流と育成、一方、商工会議所は若手経済人の育成を行うという二段階の人材交流、人材育成がサハリンの姉妹都市間で行われている。

稚内市には市内民間企業等からの篤志によって一九八〇年に稚内日ソ友好会館が建設されている。一九八八年には会館前の通りが姉妹都市にちなんで「ネベリスク通り」と名付けられた。さらに稚内とロシア極東地域との経済交流の活発化に向けて、一九九二年には市内の経済界によって稚内日ロ経済交流協会が設立され、協会事務局が会館内に設置された。

二〇〇四年には、会館内に稚内港からサハリンのコルサコフ港へ商品を輸出する際の諸手続きに関する相談窓口として、稚内日ロビジネスサポートセンターが設けられている。稚内市役所には建設産業部の中にサハリンとの交流をコーディネートする「サハリン課」が設けられている。

また二〇〇二年、稚内市はユジノサハリンスクに両市の多様な交流業務をサポートするため稚内サハリン事務所を開設した。冬期も含めて市の職員を派遣しており、二〇一五年二月、駐在員はサハリンの給与水準についての報告を極寒のサハリンの地から行っている。稚内にとってサハリンはまさに隣町であり、その関係の発展にかける稚内市の意気込みは単なる姉妹都市交流のレベルを超えている。

函館市

函館市は一九九二年にウラジオストクと姉妹都市提携を行った。函館市市制施行七〇周年を記念してこの提携が行われたが、函館はロシアとは極めて長い歴史的なつながりがある。

函館には現在、観光名所となっているハリストス正教会など、ロシアとのゆかりのある施設が多い。ハリストス正教会は安政五年（一八五九年）にロシア領事によって設置されたものである。現在の司祭のロシア人のニコライ・ドミトリエフ神父は日ロの文化についての日本語の著書もある知日派である。著者が訪問した際、流ちょうな日本語でロシア正教会と函館との歴史を話してくれたが、まさに彼とハリストス正教会の存在は函館にとってロシアがいかに重要な国であるかを物語っている。

函館はそもそも江戸時代末期、横浜、長崎と日本最初の国際貿易港として栄えた町である。外国人の往来も多く、市内にはロシア人をはじめ中国人やアメリカ人などが眠る外国人墓地もある。とりわけ現在、姉妹提携先となっているウラジオストクとの関わりは深い。ウラジオストクは沿海地方の重要な港湾都市であり、両市の関係は江戸時代にまで遡る。

ウラジオストクは一八六〇年に建設された新しい町であり、安政年間に開港した箱（函）館とのあいだに当初から密接な関係があった。すでにロシアの艦艇が函館で食料品を購入したなどの記録も残っている。また明治時代には航路が開設され、昭和初期の函館には漁業関係者など一〇〇人を超すロシア人が居留していたといわれる。

明治時代の函館とウラジオストクの関係の深さを物語る興味深い逸話がある。一九〇八年（明治四一年）、函館商業高校の生徒一行が夏休みを利用してウラジオストクを訪問しているのである。

ロシア語の実地訓練を兼ねた商工業調査のため、約四〇人の訪問団は現地で片言のロシア語を使って買い物をし、商店や領事館で商業調査を行っている。この時、彼らはドイツ人が経営する百貨店を訪れ、商品の陳列が洗練されていることや店員の接客態度が親切で迅速であることに大いに感銘を受けている。また初めてエレベーターを見て驚き、「感嘆に堪えない」という印象を報告記に書き残している。

北海道では明治時代からすでにロシアへの学生旅行が行われていたことに驚かされるが、逆の見方をすれば、その後、ロシアとの交流は現在まで進展していないということだろう。

距離からすれば数十キロメートル先のロシア。しかし、現在でも日本人の学生グループがロシアを訪問することになれば、地元の新聞には掲載されるかもしれない。ニュース価値があるということはそれほど一般化していないということだ。それは日本とロシアとの国レベルの交流が滞っているためである。

一方、地元ではさまざまな動きがある。ウラジオストクから函館に大学の進出が決定した。ロシア極東連邦総合大学の設置である。日本で唯一のロシアによって設置された大学、ロシア極東連邦総合大学函館校が一九九四年に開校することになった。

ロシア極東連邦総合大学はウラジオストクにあるロシア極東地域最大の総合大学で、学生数四万一千人を擁する。開設された函館校には、ウラジオストクからロシア人の教師が赴任しており、日本におけるロシア語、ロシアの歴史・文化・政治・経済などロシアのスペシャリストの育成を目標に教育を行っている。

この大学を訪問した時、筆者に対応してくれたロシア人教師は、北方領土の返還問題はロシアのメンツに関わるテーマであり、ロシアの国内では極めて難しい問題であることを強調した。しかし、同時に、日本とロシアとの関係改善の必要性を訴えることも忘れなかった。

さて、両市の間では、経済界、市民訪問団の相互派遣、両市職員の相互研修派遣、医療技術者の相互視察交流のほか、青少年交流や教育・文化・スポーツなど様々な分野での交流が活発に行われている。まさに百年以上にわたる交流の歴史のある都市同士の交流といえる。

函館市ではウラジオストクに続いて、サハリン州ユジノサハリンスクと一九九七年に姉妹都市提携を行った。これは一九九四年に函館—ユジノサハリンスク間に国際定期航空路が開設されたことがきっかけとなっている。

両市の間でもホームステイを主体とした中学生の相互派遣や、市民訪問団、経済関係者の派遣などを行われており、市民オーケストラの相互訪問や障害者団体などを含む、幅広い交流が実施されている。函館市民にとってロシア人は特別な存在ではなく、長い交流の歴史をもつ友人と位置づけられている。

小樽市

北海道で最も古いロシアとの姉妹都市提携は小樽市とナホトカ市との提携である。一九六六年と半世紀前に遡る。一九五六年の日ソ共同宣言によって両国の国交が回復した後、最初の姉妹都市提携は一九六一年に舞鶴市とナホトカ市の間で結ばれるが、小樽市とナホトカ市の提携は全国で三番目に古い。

人口約二〇万人弱のナホトカ市は、小樽市から七〇〇キロメートルの距離にある。極東における漁業や海運の中心地として発展してきた。小樽市とナホトカ市は、日本海を挟んで対峙する位置関係にあり、また互いに貿易港を持つことから、対岸貿易の振興を図ること、そして日ソ両国間の相互理解と友好親善に貢献することを目的として、一九六六年九月、安達与五郎市長がナホトカ市を訪れ締結がなされた。

小樽市とナホトカ市の間で特徴的なのは青少年による活発な交流が行われていることである。特に少年少女使節団の派遣は活発で、両市の青少年がキャンプ場での共同生活を行う事業が行われている。一九七八年以降、二〇一二年までに一七回一八七人の青少年が小樽市から参加した実績を持つ。

二〇一一年には、ナホトカ市少年少女合唱使節団（合唱団「ラドゥガ」）一一人が小樽市を訪れた。小樽市の他の海外姉妹都市からの合唱団とともに、初めての姉妹都市少年少女合同合唱祭を開催した。翌年の二〇一二年にはナホトカ市サッカー少年使節団が小樽市を訪れ、親善試合やホームステイを体験している。

小樽市の子どもたちにとって外国といえばアメリカやアジアではなく、ロシアが真っ先に思い浮かぶのではないだろうか。半世紀にわたる交流の歴史は小樽市にとってはそれだけの重みのあるものといえるだろう。

姉妹都市交流と北東アジアネットワーク

日本とロシアの自治体の間では一対一の姉妹都市を超えて、多数の自治体が共同で参加するネットワークが存在する。そのいくつかの活動を見てみよう。

日ロ沿岸市長会議は、日本海沿岸の日ロ両地域の友好親善と経済協力を促進することを目的に一九七〇年に新潟市等によって結成されたものである。

一九九二年にはソ連の崩壊に伴って日ロ沿岸市長会と名称を変え、新潟市長が代表幹事を務め、新潟市に事務局を置いて活動を行っている。ロシア側組織である「ロ日極東シベリア友好協会」と定期的に日ロ沿岸市長会議を開催し、両国間の友好、経済交流などの問題について協議し、必要に応じて両国の関係機関へ働きかけを行っている。

第一回日ソ沿岸市長会議は、一九七〇年七月にハバロフスク市で行われ、日本側の参加都市は秋田市、酒田市、新潟市、富山市、金沢市、ソ連側はハバロフスク市、イルクーツク市、ナホトカ市、ウラン・ウデ市、ブラーツク市が参加した。議題として日ソ両国間の姉妹都市提携と友好文化交流、日ソ両国間の沿岸貿易がテーマとして取り上げられた。

二〇一三年四月現在、そのメンバーは新潟県では新潟市以外に長岡市、三条市、燕市、上越市、佐渡市が参加し、その他に秋田市、男鹿市、由利本荘市、酒田市、富山市、高岡市、射水市、金沢市、七尾市、敦賀市、舞鶴市と総計一七市が参加している。

また日ロ沿岸市長会議では、対岸からの観光誘客を目指して、ロシアの報道関係者を日本に招致する事業を開始した。二〇一四年にはハバロフスクの広報マスコミ関係者五人を新潟県と山形県に受け入れ、一週間のプログラムを実施し、観光施設の訪問や着付け体験やお茶といった日本の文化の体験事業を行っている。

一方、日本海側に位置する自治体が積極的に取り組んできた活動に環日本海交流がある。アジア大陸の東の端に位置する日本にとって、海を隔てて隣国と接するのは北海道、日本海沿岸の諸県、九州西部、沖縄県である。とりわけ日本海沿岸の地方自治体は冷戦の終結前からソ連、中国と直接交流のイニシアチブをとっていた。

第二次世界大戦後には、それまで関係の深かったアジア大陸の諸国との交流は極めて低調になった。冷戦時代、共産圏であったソ連、中国、北朝鮮との関係は停滞し、また韓国ともさまざまな領土や漁業権を巡る対立があった。

日本海側の地域で隣国との姉妹都市交流が盛んに行われたのは単に距離的に近いというだけではない。それは戦後、太平洋岸が「表日本」と呼ばれるのに対して、日本海側沿岸は「裏日本」

と称され経済の衰退が起こったことにも関係している。こうした状況から何としても脱したいとの強い思いが対岸地域との交流への意欲につながった。

中央から離れた辺境ではあるが故に、独自性を発揮したい、隣国の地域との関係を復活したいという姉妹都市への期待が高かったのである。辺境であるということは見方を変えれば外国と近接しており、発展の可能性を秘めた地域でもある。そして対岸諸国との歴史的なつながりの深さ自体が地域にとってのアイデンティティともなっている。

こうした状況を背景に、一九六〇年代から七〇年代にかけて、当初はソ連と、続いて韓国、中国との対岸交易を発展させる運動が、自治体によって先導される形で繰り広げられることになった。

環日本海圏が想定する領域は、北海道西部及び本州の日本海を臨む諸県、ロシア極東の沿海地方、ハバロフスク地方、サハリン州、中国東北地区、朝鮮半島の東半分である。

これらの地域の総面積は九一六万平方キロメートルで、日本の国土の二五倍近い面積を占め、総人口は二億九千万人を数える。そして、この地域にはロシア極東地域をはじめ未だ手付かずの天然資源がある。この潜在的な資源を活かして北東アジアの発展につなげたいというのがロシアと姉妹都市を結んでいる自治体の期待だろう。

阿波踊りでもてなす交流

最後にロシアと近接していない地域でも活発な交流の例を紹介しよう。洲本市とレニングラード州のクロンシュタットである。クロンシュタットは、フィンランド湾に浮かぶ要塞の街で、ロシア艦隊の基地が置かれている。洲本市は、江戸時代後期の廻船業者、海商である高田屋嘉兵衛の故郷である。国後島・択捉島間の航路を開拓し、漁場運営と船業で巨額の財を築き、箱館の発展に貢献した人物として知られる。

この高田屋嘉兵衛が関わった事件にゴローニン事件がある。一九世紀初頭、ロシアの軍艦ディアナ号の艦長ゴローニンが日本側に捕らえられ、その捕虜交換としてロシア側に高田屋嘉兵衛が拘束された。最後には両者の交換によってゴローニンも高田屋嘉兵衛も身柄を解放され、ロシア側はゴローニンを連れて帰国した。

ディアナ号が出航したのがクロンシュタットであることから、洲本市は姉妹都市提携を結ぶことになった。ディアナ号の副館長の子孫が、一九九九年に来日し、洲本市に編入された五色町と姉妹都市を結びたいというクロンシュタット市の親書を持参したのをきっかけに、両市の間で姉妹都市が二〇〇一年に締結された。

二〇一二年八月、洲本市から青年代表団がクロンシュタットを訪問した。前年にクロンシュタットからの代表団を洲本市で受け入れた際に、ロシアの参加者に阿波踊りを紹介したところ、クロンシュタットの人々が、今回は阿波踊りで洲本の訪問団を歓迎してくれたという。ロシア人の意外な側面を見せられ、これには洲本の訪問団は驚いたことだろう。

また洲本訪問の際に体験した生花をロシアに帰国後もビデオを見ながら練習していた市民もいた。「ロシアにあなたの弟子がいることを忘れないで欲しい」という言葉を受けて、生け花を教えた洲本の市民は感激したという。ロシアの姉妹都市関係者の熱意がうかがえるエピソードといえる。

さて、日ロ関係の改善のためには、国レベルの改善が先か、あるいは草の根レベルでの交流が先だろうか。本来は両方を並行して進めるべきだろう。

二〇一六年一二月のプーチン大統領の訪日は日ロの最大の懸案事項である北方領土の返還について将来に期待を抱かせる内容になった。その日に向けて、経済面ばかりでなく草の根レベルでも交流は今後、一層活発化していくだろう。まさにこれまでの地道な交流が花開く時が目前に迫っているといえる。

さて、次章では外交関係がこじれている隣国、韓国を取り上げたい。そこにはどのような交流のドラマがあるのだろうか。

参考文献

アレクサンドル・パノフ著、高橋実・佐藤利郎訳、『不信から信頼へ』サイマル出版会、一九九二年
北海道庁ＨＰ「一九九七年九月二日ユジノサハリンスク市において開催された北海道知事堀達也とサハリン州知事ファルフトジノフI.P.の会談結果に関する共同声明」
市岡政夫『自治体外交―新潟の実践・友好から協力へ』日本経済評論社、二〇〇〇年
「極東の窓」ＨＰ「今年開基一五〇年を迎えたウラジオストクと函館のつながり　Ⅱ」二〇一〇年八月一〇日、http://www.rosianotomo.com/blog-hakodate/archives/2010/08/150_1.html
『北海道とロシア極東』北海道庁、二〇一二年
「稚内市のサハリンとの交流の取り組みについて」稚内市建設産業部サハリン課二〇一二・〇八資料
『五〇年の歩み　一九六一～二〇〇一　舞鶴・ナホトカ市姉妹都市提携五〇周年記念誌』舞鶴市、二〇一二年
函館市ＨＰ「平成二四年度ロシア人企業研修生受入事業実施計画」稚内商工会議所資料函館市の国際化の推進
舞鶴市ＨＰ　姉妹都市ロシア・ナホトカ市の紹介
新潟市ＨＰ「ハバロフスク市との交流の歩み」
函館日ロ親善協会ＨＰ
小樽市ＨＰ「ナホトカ市」（ロシア連邦沿海地方）」
日ソ沿岸市長会議ＨＰ
洲本市国際交流協会ＨＰ「姉妹都市クロンシュタット」

第5章

激動の日韓関係の中の姉妹都市

根を張る交流の基盤

日本は韓国との間で緊張した関係を続けている。領土問題、靖国参拝、教科書問題、従軍慰安婦など、対立の火種に事欠くことがないほど複雑で一筋縄ではいかない問題を抱えている。両国は国のメンツとタテマエを押し出し、問題は絡み合い、政府レベルでは解決の糸口は見つからないようにさえ見える。

では姉妹都市の面ではどうなのだろうか？　日韓の姉妹都市交流は政府レベルの対立の大きな潮流に飲み込まれ、草の根レベルの交流は衰退を余儀なくされるのだろうか。日韓の姉妹都市の実態を見ると、それが間違いであることに気がつく。国レベルの対立を超えて、草の根レベルの交流は極めてしぶとく、根を張っている。

日本と韓国の姉妹都市交流は他の国との交流よりはるかに活発といえる。それは距離の近さ、そして歴史的なつながりによって極めて強固な関係がすでにできているのである。

日本にとって韓国との姉妹都市はアメリカ、中国についで三番目に位置する。韓国側にとっても日本との姉妹都市提携は極めて重要な位置を占める。二〇一四年末現在、韓国で一六ある広域自治体のうち一二が日本と姉妹提携を行っており、二二六ある基礎自治体では日本との姉妹都市提携数は八二件に上る。つまり県レベルでは四分の三、市町村レベルでは約四割が日本と提携をしているのである。韓国の自治体にとって日本との関係の重要性を感じさせる数字である。

単に量だけではない。質の面でも活発といえる。それは若い世代を含め多くの市民が交流に参加しているからだ。青少年交流では渡航費用も安いこともあって修学旅行の訪問先として姉妹都市が選ばれる例もある。市民同士のホームステイではお互いの文化や暮らしぶりを身近に感じ、国同士のわだかまりを超えて親密な交流が行われている印象が強い。

また日韓の歴史的なつながりの深さを象徴するような姉妹都市提携もある。一九九〇年に行われた滋賀県日野町と忠清南道恩山面の提携の起源は古代にまで遡る。日野市にある鬼山神社には六六三年の白村江の戦いの後に百済から移住してきたといわれる鬼室集斯が祭神として祀られている。一方、恩山面には百済時代の金剛寺址に鬼室集斯の父で百済復興運動の指導者であった鬼室福信将軍を祀る恩山別神堂がある。まさに時空を超えた関係が両者の姉妹提携の元となっている。

一九九三年に行われた山口市と忠清南道公州市の姉妹都市提携も歴史的なつながりが起源となっている。室町時代、現在の山口県を支配していた大内氏は百済と関係が深い。大内氏の始祖が第二六代聖明王の第三王子であるという歴史の逸話が姉妹都市提携のきっかけとなっている。日韓関係は現在ではギクシャクしているものの、長い歴史をたどれば、さまざまな時代ごとに密接に結びついたことがわかる。そしてその関係は、現在、姉妹都市提携というカタチで再生しているのである。

一方、日韓の間には竹島、従軍慰安婦、靖国参拝、歴史教科書問題など関係の悪化を招くさまざまな問題があることも事実である。そうした事態の悪化によって一時的に交流が中断することもたびたび行われた。

しかし、今ではそうした対立を乗り越えて、草の根交流ではゆるぎない信頼感が打ち立てられているようだ。長年の姉妹都市交流によって、市民レベルでは顔の見える関係が構築されており、政治的な対立があっても、姉妹都市交流そのものの根底が覆されない土台がすでにできている。五〇年近い歴史を持つ日韓の姉妹都市交流は幾多の変遷を経て、すでに打たれ強い交流へと成長してきたといえるだろう。

姉妹都市関係者の間では一つの暗黙の了解があるようである。それは国家レベルの課題に姉妹都市同士は関わらないということだ。国家間が対立する問題について、いくら地域レベルで取り組んでも、解決に結びつかないのは当然である。そうである以上、関わる必要はないとの一種の開き直りがみられる。これは対立を回避する知恵ではないか。その意味で、姉妹都市の関係者は現実主義者だといえる。原則として対立の可能性のある要素を避け、友好関係に集中する対応をしているのである。

さて日本と韓国との姉妹都市提携は一九六八年の萩市と蔚山市の提携が最初である。一九六〇年代は一件、七〇年代は一〇件、八〇年代一五件、九〇年代四七件、二〇〇〇年代八五件と近年になって急増している。

地理的には全国に散らばっているものの、九州、中国地方、近畿に多い特徴がある。特に鳥取県では県を含めて九件の提携がなされている。交流の盛んな中国地方においては県レベルの提携が多く、また交流の歴史も長い。九州は県レベルの提携は熊本県に限られるものの、基礎自治体では七県全部が韓国と姉妹都市提携をしている。やはり韓国との歴史的、地理的な近さが大きく影響している。

揺れ動く日韓関係

韓国との姉妹都市交流の詳細を見る前に、日韓関係のこれまでを概観してみよう。日韓の間の国交回復の取り組みは、サンフランシスコ条約の締結後すぐに始まった。日韓の国交正常化交渉は、一九五一年の予備会談の開始から一九六五年六月の妥結まで一五年近い年数を要した。これは吉田茂首相をはじめ日本側は植民地支配を正当化したい気持ちが強かったのに対して、李承晩の率いる韓国側は国家建設の高揚感と反日感情があったからといわれる。李承晩は漁業資源の保存を理由に、一九五二年に李承晩ラインを設置し、日本漁船が次々に拿捕される事件が起こった。とても国交回復という状況ではなかったことも確かである。

一九六一年、学生革命で李承晩政権が倒れると、続く軍事革命で国家最高会議議長に朴正煕が就任した。後に大統領となった朴正煕は日韓正常化に熱心に取り組み始めた。一方、一九六一年六月に訪米した池田勇人首相はアメリカから日韓の和解についての進言を受けた。アメリカはベトナム戦争が泥沼化しつつあり、日韓交渉の妥結を両国政府に強く促したといわれる。

一九六五年、佐藤栄作首相の下で、椎名悦三郎外相が日韓交渉を担当した。椎名はソウルの金浦空港で椎名ステートメントを発表するがこのステートメントは、両国間に「不幸な時期」があったことは「まことに遺憾」で「深く反省する」というものだった。日本政府の要人からの最初の謝罪のことばであり、このステートメントが国交正常化への道筋を開いた。

国交正常化に対しては、両国内で激しい反対デモが行われた。しかし、それを乗り越えて実施されたのは、共産主義の脅威を主張するアメリカ政府による圧力と、韓国側の日本の支援による経済発展への期待だったといわれる。

国交正常化後、日韓関係を揺さぶったのは一九八二年の鈴木内閣の時の歴史教科書問題だった。韓国では「歴史歪曲」が流行語のように使われ、この事件がきっかけとしてソウル郊外に日本の朝鮮支配を描写する独立記念館が設立された。

その後、一九八四年には全斗煥大統領が訪日し、その際、天皇陛下から過去に対する遺憾の意が発せられた。一方、中曽根康弘首相による靖国神社の公式参拝や、橋本龍太郎首相、小泉純一郎首相による靖国参拝によって日韓関係がぎくしゃくした時期が続いた。

また従軍慰安婦問題について、一九九三年の河野談話では「慰安所は、当時の軍当局の要請により設営されたものであり、慰安所の設置、管理及び慰安婦の移送については、旧日本軍が直接あるいは間接にこれに関与した」と認め、「当時の軍の関与の下に、多数の女性の名誉と尊厳を深く傷つけた問題である。政府は、この機会に、改めて、その出身地のいかんを問わず、いわゆる従軍慰安婦として数多の苦痛を経験され、心身にわたり癒しがたい傷を負われたすべての方々に対し心からお詫びと反省の気持ちを申し上げる。」としている。

一九九五年八月一五日には村山富市首相によるいわゆる村山談話が発表された。この談話の中で「疑うべくもないこの歴史の事実を謙虚に受け止め、ここにあらためて痛切な反省の意を表し、心からのお詫びの気持ちを表明いたします」と強い反省の言葉が表明された。その後、一九九八年一〇月には「日韓共同宣言二一世紀に向けた新たな日韓パートナーシップ」が小渕恵三首相と金大中大統領により合意され、新たな日韓パートナーシップを構築するとの共通の決意を宣言した。

二〇〇二年にはサッカーのワールドカップを日韓が共同で開催し、日韓の関係改善を国民に大いに印象づけた。また二〇〇三年にはNHKで放送された「冬のソナタ」が大ブームを巻き起こし、韓国のドラマ、男優、女優、歌手が日本で脚光を浴びる韓流ブームが始まった。日韓関係は暗闇の時代を通りぬけ、協力の時代へ入ったかと思われた。

そうした状況が暗転するのは二〇一二年八月一〇日の李明博大統領による竹島上陸である。日韓関係は極めて緊張した状況に陥り、日本は竹島問題を平和的に解決するため、国際司法裁判所への合意付託等を提案した。これを韓国政府は拒否し、さらに従軍慰安婦問題の深刻化など、両首脳同士が対談できないという異常事態が日韓の間で続いている。

こうしたはざまの中で、日韓の姉妹都市は外交関係に翻弄されながらも、徐々にその数を増やし、交流の深化を遂げてきたのである。

最初の姉妹都市提携

日本と韓国との間の最初の姉妹都市交流は、一九六八年一〇月二九日に行われた山口県萩市と韓国慶尚南道蔚山《ウルサン》市との提携に遡る。日韓国交正常化が行われて三年目の出来事だった。しかし、姉妹都市交流の下準備は実は国交正常化の前から始まっていた。

日韓の国交回復の三年前の一九六二年、菊屋嘉十郎萩市長は、山口県韓国視察団の一員として訪韓した。その際、萩市長から蔚山市長に対して姉妹都市の申し出が行われている。

萩市が蔚山市との姉妹都市提携を希望したのは、両市が日本と韓国の地理的関係において最も近距離にある市同士であるためといわれる。姉妹都市提携をすることによって両国の親善がさらに深まること、さらに萩市の海上交通の将来の発展にもつながると考えたからである。

日韓の国交がない中での姉妹都市の申し出は難航した。蔚山市の市長の交代もあり、萩市は返答を得ることができなかった。しかし、日韓の国交回復の同月となる一九六五年六月、萩市の助役を団長とする視察団が訪韓することで打開の糸口が開けた。

ようやく蔚山市は韓国政府の承諾を得て、蔚山市長から都市提携承諾についての書簡が届けられた。萩市側では、一九六六年九月の市議会に上程し九月三〇日に可決された。一九六八年一〇月二九日、こうしてようやく蔚山市長、蔚山市商工会議所会長、慶尚南道職員らが萩市を訪れ、正式な締結が両市の間で結ばれた。

この歴史的な姉妹都市の調印以来、これまで五〇年近くにわたる両市の提携の中でさまざまな交流が行われてきた。萩市の民謡グループの訪韓、陶芸作品展の開催、剣道サークルの交流、大学間の学生の語学研修、障がい者協会同士の交流、さらには市の職員の相互の長期派遣などが実施されてきた。また二〇一四年一〇月に蔚山の韓日親善協会による韓国伝統文化交流展が萩市役所ロビーで行われている。

半世紀の姉妹都市交流の歴史の中で、当然、両市長は何度も交代し、そして参加する市民の世代も双方の都市において変化した。また日韓関係も大きな試練の時代を何度も経験した。しかし、両市の間では綿々と草の根の交流が行われ続けているのである。

市民ぐるみの交流

日韓の姉妹都市交流が市民に根付いている例として旭川市と韓国水原《スウォン》市の交流を取り上げたい。

両市の提携は一九八九年に遡る。姉妹提携以前から韓国との友好親善交流を進めるために、旭川市では旭川日韓友好親善協会が設立されていた。旭川日韓友好親善協会では、韓国との姉妹都市提携を推進することを大きな事業として掲げ、自然条件、都市機能、産業の発達形態など旭川市との類似点も多い水原市を交流の相手として選定し、水原市側と交流が続けられてきた。

こうした経緯を受けて旭川市長が水原市を訪問、その後、水原市長一行三四人による姉妹都市提携調印団が旭川市を訪れ調印式が行われた。

両市の交流が素晴らしいのは、単なる教育や経済交流を超えて、市民のあらゆる層にまで交流が広がっている点にある。少年サッカー、少年野球、ボーイスカウト、写真、手工芸、囲碁、合唱、美術など市民のあらゆる層に交流が広がり、また市民主体の交流が行われている。

さらに商工会議所同士が友好協約に調印し、教育機関では旭川大学と水原大学の調印、旭川工業高等専門学校と水原ハイテク高校との締結、社会福祉協議会同士の締結など、市役所だけではなく、市内のさまざまな団体同士が、姉妹提携を結び、交流を誓っている。

行政レベルでの交流もさかんである。一年間の長期にわたり相互に職員を派遣する制度が設けられている。相手都市の職員を互いに市役所に受け入れ、市のさまざまな行政について理解を深めることが行われている。姉妹都市の住民となった市の職員は相手都市の内情もよくわかり、その後の姉妹都市交流を推進するための大きな力になる。

市民レベルの交流では、二〇一四年の姉妹提携二五周年には二回にわたって旭川市から水原市に訪問団が派遣され一二〇人の市民が参加した。この際、友好のあかしとして旭川市の代表的な風景の陶板写真が水原市の大通に設置された。

さらに旭川市国際交流委員会では市民向けのハングル講座を行い、旭川日韓友好親善協会は韓国料理教室を開催するなど、市民に対して韓国文化の普及に努めている。

こうした取り組みが継続して行われるのは双方の地域に姉妹都市交流に心から傾注している市民がいるからに他ならない。

旭川市と水原市の交流は、日韓両国の歴史認識の違いなどの対立を乗り越えて、市民同士が深く結びつき、日韓の草の根交流が粘り強く行われてきたことを示す好例といえる。

百済の里の村おこし

宮崎県には韓国との交流を村おこしの起爆剤として成功を収めた村がある。百済の里と知られる旧南郷村である。

二〇〇六年に美郷町に統合された宮崎県南郷村は、一九九一年に百済の最後の都、扶餘《プヨ》との間で姉妹都市締結を行った。南郷村は宮崎県の西北部に位置し、その九〇％以上を山林が占める人口二六〇〇人ほどの山村だった。

旧南郷村には古くからの言い伝えが存在する。七世紀、唐と新羅の連合軍に敗れた百済王の一行は日本の畿内に亡命したが、大和朝廷の政争に巻き込まれ、そこから逃れるために二隻の船で九州を目指した。そして百済王は日向の国の南郷村に到達したというのである。

単なる伝説ではなく、実際、旧南郷村にはその歴史的な痕跡が残っている。神門《みかど》神社には百済の禎嘉王が祀られ、東南九〇キロメートルの木城町にはその息子福智王が祭神として祀られている。

また王族の遺品と呼ばれる銅鏡二四面のほか、馬鈴、馬鐸、須恵器なども伝えられている。現在でも、旧南郷村では、百済王族親子の対面が起源とする「師走祭り」が千年以上も前から脈々と引継がれている。韓国との歴史的なつながりが深いことは住民にとって地域のアイデンティティであり誇りとなっている。

こうした古代からの百済との関係を村おこしに利用し、観光開発につなげようと旧南郷村では考えた。そこで考えたのが、観光開発の目玉として、百済の古都、扶餘の百済王宮跡に建つ客舎「百済の館」を再元することだった。この百済の館の建設には、韓国の職人が携わり、瓦や敷石を韓国から取り寄せた。梁や軒は赤、青、緑といった極彩色で彩られ本格的な百済様式の建物が完成した。館内には百済時代の国宝・重要文化財のレプリカが展示され、日本全国の百済文化の足跡も紹介されている。

そしてもう一つの観光の柱は百済王族の遺品を収蔵した宝物庫を作ることだった。この宝物庫に旧南郷村はこだわりを見せた。奈良の正倉院と寸法、材料がまったく同じの「西の正倉院」を建設しようとした。

門外不出といわれた正倉院原図を基に、樹齢五〇〇年ほどの木曾天然ひのきを使って多大の苦労の結果、「西の正倉院」は忠実に再建された。本物の正倉院の内部は非公開だが、西の正倉院は内部に入ることができる。観光客は正倉院の内部構造を内側から確かめることができる。また村では特産品として「百済王キムチ」が作られるなど、地元の経済活性化に現在も貢献している。

一方、ハコモノだけには終わらず、旧南郷村は韓国との交流にも着手した。一九八六年に第一回訪韓調査団を実施し、一九九一年には韓国扶餘との姉妹都市締結を行った。この活動をリードしたのは当時の田原正人村長である。村長は、人口が最盛期の半分以下になり、過疎化が進む中で「どうしたら村人に自信を取り戻すことができるか」と内部で幾度も議論したという。

村民の誇りを回復させるために、村に伝わる百済王伝説に焦点をあて、ここから村おこしとしての「百済の里づくり」運動が始まった。旧南郷村では韓国語で表記された看板や案内がいたるところに表示されるようになり、喫茶店や特養老人ホームまでもが百済という名前を使うようになった。

当初、韓国との交流は相互交流というよりも、南郷側の一方的な押しかけ交流だったという。しかし、次第に百済王を祀り、いままで大切に守ってきた南郷の人々の熱意に、韓国の人々が感激し、一気に南郷村への関心が高まった。

南郷村にある百済王を祀る神門神社を訪ねたいという韓国からの訪問者が増加する一方で、南郷村民も韓国を訪ね、自分たちの祖先とつながりが深い百済王の由来を調べたいと積極的な交流が始まった。さらに韓国との交流が進むなかで韓国語を話したいとの村民が増え始めた。そうした希望を受け、一九九〇年には韓国から国際交流員を招き、韓国語講座を実施、そして村民向けの韓国文化の講座を開始した。

そんな時、韓国からの大型の訪問団がやってきて村民を驚かせた。一九九〇年には韓国青少年連盟日本研修団が来村し、韓国中学生一八〇人が小さな村でホームステイを行った。一方、旧南郷村では中学三年生全員を韓国訪問させるなど、韓国との親戚づきあいを目指して、村を挙げての韓国との国際交流が行われた。その結果、村民の多くが韓国であいさつや自己紹介ができるまでになり、村民のほぼ半数が韓国を訪問したという。

この活動を率先した田原村長は朴訥とした人柄ながら、村おこしに対する姿勢と戦略性には極めて鋭いものがある。小さな南郷村を日韓交流のメッカとしたいという意気込みを感じさせる村長だった。

この旧南郷村の国際交流をテーマにした新しいタイプの村おこしは若者たちに大いなる刺激をあたえた。一〇〇名を超える若者がUターンして故郷に戻り、花嫁が近隣都市からも沢山やってくるようになった。村の青年たちに自信と誇りを取り戻させることに成功したといえるだろう。また旧南郷村の取り組みは村民ばかりでなく、韓国の人々にも大きな感動を与えた。南郷村は、この村おこしの成功により、「宮崎県地域づくり大賞」「サントリー地域文化賞」「小さな世界都市大賞」などいくつもの賞に輝いた。

「竹島の日」と島根県の姉妹交流

日韓関係は、韓国の経済活動の発展、相互の人の往来などの活発化によって大きく進展した。しかしそんな中、日韓関係の悪化に姉妹都市関係が直接影響を与える大事件が発生した。島根県による「竹島の日」の設定である。

島根県と韓国慶尚北道との姉妹都市提携は、歴史的なつながりの深さが提携のきっかけとなっていた。島根県は日本海を挟んで対岸の韓国と向き合う位置にあり、朝鮮半島と歴史的に深いつながりがあったことは、旧跡や地名にも現れている。たとえば、大田市にある韓神新羅神社の存在など、とりわけ新羅との結びつきが強かったといわれる。

新羅は現在の慶尚道に当たっている。そうした歴史的なつながりもあって一九八九年一〇月六日、島根県と慶尚北道は姉妹提携宣言の調印を行った。その提携宣言書は以下のとおりである。

日本国島根県と大韓民国慶尚北道は、両県道の今日にいたるまでの深く長い歴史的交流を礎として、更に新しく固い友好親善関係を築くため、姉妹県道の提携を行ったことをここに宣言する。

両県道は、行政、文化、経済、スポーツ等多方面に幅広い交流を進め、県道民の親善と友好の推進に努める。両県道は、姉妹関係を通じて相互理解と信頼のうえに、日韓両国の友好親善の増進と世界の平和と繁栄、人類の福祉の向上に貢献する。

本宣言文は、日本語及び韓国語で作成し、両県道において保管する。

一九八九年一〇月六日

日本国島根県知事　澄田　信義

大韓民国慶尚北道知事　金　相　祚

『島根県の国際化の現状』（島根県環境生活部国際課、二〇一二）によれば、慶尚北道との姉妹都市提携の提携までに八年の歳月をかけており、両知事や副知事が事前にお互いの地域を訪問し、交流を重ねている。

姉妹都市提携後、両者の間では多様な交流が行われた。文化面での交流では、両県道の美術作家の交流とその作品を展示するため、島根県・慶尚北道交流美術展を島根県立博物館、亀尾市文化芸術会館（慶尚北道）、島根県立美術館、安東市市民会館（慶尚北道）で六回にわたり開催した。

教育学術交流では、島根県教育委員会と慶尚北道教育庁が友好交流協定を締結し、教員の相互派遣を行った。また県教育委員会古代文化センターと国立安東大学校附設民俗学研究所との間で姉妹提携の協定を結び、学術交流が行われた。

大学レベルでは、島根県立大学と慶北大学校が交流に対する協定を提携し、二〇〇一年から二〇〇四年まで毎年一〇名程度の県立大学生が慶北大学校で異文化理解研修を受講するため訪問した。また共同でのシンポジウムの開催や慶北大学校教授が県立大学に一年間赴任した。

さらに、県立三瓶自然館と道自然学習院との間でも協定が結ばれ、毎年、職員の相互訪問が行われ、自然体験を目的に小中学生グループが相互に訪問を行った。二〇〇三年の夏休みには島根県から小中学生二九人と引率者五名が自然学習院を訪問し、翌年の夏には慶尚北道青少年自然体験団として三八人が島根県を訪れた。

産業面では水産関係者の交流が行われていた。一九九六年に慶尚北道・島根県水産交流推進協議会が設置され、二〇〇三年には慶尚北道から四名、二〇〇四年には島根県からも訪問団を派遣した。

その他、慶尚北道世界文化エキスポへの島根県の参加など、双方の大型イベントへの参加が行われてきた。二〇〇四年には、一五周年を記念して、記念事業ロゴマークが双方の合意によって作られた。双方にとって姉妹提携は重要なものであり、祝うべきものとの認識が共有されていたといえる。

同年には島根県は慶尚北道から伝統芸能団を招聘し、松江市内で公演を行い、市内の小学生とも交流を行った。さらに、島根県は日韓音楽交流実行委員会によるジャズ交流、県民と韓国人日本語学習者との交流、日韓の女性の役割についての民間交流などの助成を行い、一五周年にふさわしい市民交流が行われていた。

以上のように、両県道の関係は模範的な姉妹提携といってよいほど熱心に、また市民を巻き込んだ交流が展開されてきた。しかし事態は一変した。二〇〇五年三月二五日の島根県の「竹島の日」の条例である。

島根県条例第三六号

竹島の日を定める条例（平成一七年三月二五日　公布・施行）

第一条　県民、市町村及び県が一体となって、竹島の領土権の早期確立を目指した運動を推進し、竹島問題についての国民世論の啓発を図るため、竹島の日を定める。

第二条　竹島の日は、二月二二日とする。

第三条　県は、竹島の日の趣旨にふさわしい取組を推進するため、必要な施策を講ずるよう努めるものとする。

附則　この条例は、公布の日から施行する。

この極めて短い条例の制定は日本国内で大きな反響を呼んだ。しかし、韓国における反発はさらに大きかった。韓国国内で激しい抗議行動が起こり、その結果、日韓の交流イベントが次々に中止された。

「竹島の日」条例が島根県議会で可決されると、慶尚北道はその日のうちに島根県へ姉妹提携の撤回を通告した。竹島（独島）は韓国では慶尚北道に属する。竹島を巡って本来対立する地域同士が姉妹提携を行っていたのだ。

島根県側は、竹島問題は国家間の係争であり、姉妹都市交流とは別の問題として姉妹都市提携の継続を求めた。しかし、慶尚北道の態度は頑なで島根県に同意することはなく姉妹都市提携の破棄を求めた。

こうした中で、島根県は、現在でも慶尚北道との姉妹都市提携を諦めていない。姉妹提携は解消されたとは考えておらず、そのため県の公式な文書においても姉妹都市として慶尚北道の名前を残している。ただし、実質的な交流が行われていない状態は継続している。

竹島の日の設定の直後、事情を確かめようと島根県の新聞社が慶尚北道を訪問した。島根県の地元紙、山陰中央新報の記者は二〇〇五年四月二八日付けの同紙「竹島に波高し　韓国側の反発（一）」で以下のように記している。

韓国第三の都市・大邱にある道庁。玄関脇にはハングルで「竹島は我々の領土　日本の帝国主義打倒　島根県姉妹提携破棄」の横断幕があった。（中略）交渉の末、やっと取材に応じた国際交流の実務責任者、朱洛榮・経済通商室長も「韓国人は『竹島の日』制定で日本による植民地支配のことを思い起こすことになった」と述べ、そうした韓国人、道民の思いを受けて島根県との姉妹提携撤回に至ったことを強調した。

さて、竹島の日を設定した島根県の意図はどこにあったのだろうか。それは竹島問題の風化への懸念があったからである。

北方領土が日本にとっての大きな領土問題として認識されているのに対し、竹島問題は国内での関心がきわめて低い状況があった。竹島の領有権問題が風化してしまうことへの島根県民、特に漁業関係者の危機感があった。

山陰中央新報の報道では、島根県議会の宮隅啓議長、澄田信義県知事とも、竹島の日の制定によって竹島問題が世に知られたことの重要性を強調している。あくまで日本国内でのアピールが目的だったといえよう。

一方、同紙のインタビューで、「『韓国側の反発はある程度予想していたが、それを超えるものだった。前回は交流中断だったが、今回はそれより厳しい』。澄田信義島根県知事は戸惑ったように話す」と「竹島の日」の影響を姉妹都市交流への影響を過小評価していたことが示されている。

前回の交流中断とは、竹島の日の公布以前にも、二〇〇一年に澄田知事が県議会で竹島の領有権について発言し、その時には一年間にわたり交流が中断されたことを指す。竹島の日の設定の影響は、県道関係に留まらなかった。韓国側の市と姉妹交流をしている県内の松江、安来、大田三市にそれぞれの交流先から撤回や中断の通知が届き、県内の自治体にその影響は波及した。

慶尚北道の朱洛榮・経済通商室長は、山陰中央新報の記者とのインタビューで個人的意見と断った上で「竹島（韓国名・独島）は韓国の大切な国土。島根県が「竹島の日」を撤回しない限り、国民や道民は交流再開を納得しないだろう」と述べている。

島根県側の領土問題は国の問題であり、地方自治体の国際交流は異なるとの見解に対して、「朱氏は、慶尚北道側もこれまで切り離してきたとし、「島根県が領有権を主張してきた。（提携撤回の）原因をつくったのは島根県だ」と指摘。領有権と交流を一緒にしたのは島根県側だと言わんばかりだ」と、同紙の中でこの問題の解決の難しさを指摘している。

島根県では姉妹都市を締結していた時期に、慶尚北道庁に七名の県職員をそれぞれの職員の家族とともに二年間にわたって派遣していた。また慶尚北道の職員も八人が一年間から三年間にわたって島根県庁に派遣された。

派遣されたそれぞれの職員は、相手の国の言語を十分に理解でき、県道庁において交流の重要な人材となっていた。また相手の地域に数年にわたって家族とともに住むことで現地の人々と交流し、友情関係を深め、姉妹都市交流の中核的な橋渡し役となっていた。姉妹都市交流が断絶した後も、それらの人々にとっては、相手側との人脈がなくなるわけでもなく、個人レベルのインフォーマルな交流は続けられている。

こうした職員の中にはなんとか両地域の交流を復活できないかと強く願う職員もいる。しかし、「竹島の日」が政治化され、双方の政府がメンツをかけて対立する状況が続く以上、全面的な解決は望み薄といわざるをえない。

姉妹都市交流の断絶から一〇年余りが経過して、姉妹都市交流の再開のめどは立っていない。しかし、意外なことに中国やロシアを含む多国間の自治体の会議「北東アジア地域自治体連合」には、島根県と慶尚北道の双方が参加し、両者は顔を合わせて支障なく対話は行われているのである。

また島根県としては、観光客の誘致など、韓国との交流を重視しており、韓国に対する否定的な態度は見られず、むしろ、韓国との交流を推進する姿勢を示している。例えば、島根県庁では韓国から国際交流員を招いて、県民向けに「しまね「韓国通」養成講座」を実施していたほどだ。しかし、行政での交流には限界がある。そうした中、民間同士の交流は、竹島の日の設定の数ヵ月後には再開されており、県では市民交流に大きな期待を寄せている。公式には交流は行えなくなってしまったが非公式ルートで実質的な交流を続けたいというのが少なくとも島根県の意思であることは間違いない。

島根県内には、韓国と姉妹都市提携を行っている自治体は三つあり、松江市は普州市（慶尚南道）、大田市は同名の大田市（大田広域市）、安来市は密陽市（慶尚南道）と提携を行っている。三つの市は竹島の日の制定によって相手先から交流の撤回や中止が伝えられ、一時交流は中断する事態となった。

松江市では、二〇〇五年三月、普州市から交流を留保したい旨を記した文書を受理し、事実上交流が中断された時期があった。しかし同年五月に普州市長から松江市長あてに当選の祝いと友好促進を記した親書が届いた。二〇〇六年五月には韓国統一自治体選挙が行われ、松江市側から再選した普州市長に交流を打診したところ、快諾が得られ、交流の再開の決定がなされた。

しかし、二〇〇八年八月には、中学校の新学習指導要領の社会科解説書に、竹島に関する記載がなされたため、日中韓友好交流書画展への普洲市の不参加表明がなされた。また二〇〇九年三月には竹島の日に対する反日感情が高まっているため、交流を保留したいとの連絡があり、その後、交流は中断した。二〇一七年七月一九日、普州市の職員ら一四人が松江市役所を訪れ、九年ぶりの交流事業として、友好都市提携を結ぶ同市内を視察した。

一方、大田市では大田広域市と交流が再開されており、二〇一一年には相互の中学生交流事業が実施され、市として市民団体による大田広域市との交流事業にも助成を行っている。

安来市の場合は、市役所の職員同士の交流が二〇一一年に実施されており、二〇一二年八月には「やすぎ月の輪まつり」に密陽市から、副市長以下一二人が安来市を訪問した。

戦略的な取り組みを進める鳥取県

島根県の東隣に位置する鳥取県も、韓国と歴史的、地理的なつながりが強い県である。鳥取県は人口五七万人（二〇一四年一二月現在）と全国で最も人口が少なく、県内総生産額でも全国最下位に位置する。

そうした状況の中で鳥取県は国際交流を県の発展のテコとみなして、積極的な国際交流を展開してきた。とりわけ韓国との姉妹都市について、積極的な取り組みを行っており、竹島問題など外交上の問題と地域レベルの交流を切り離して推進しようとする姿勢が見られる。

鳥取県は韓国の江原道と提携をしており、県内の自治体では八件の韓国との姉妹都市がある。鳥取市は清州市、米子市は東草市、倉吉市は羅州市と、若桜町は平昌郡、智頭町は楊口郡、八頭町は横城郡、琴浦町は麟蹄郡、大山町は襄陽郡とそれぞれ姉妹提携をしており、二〇一五年六月末現在、県内に一七ある姉妹都市提携のうちほぼ半数を韓国との提携が占めている。

県としての姉妹都市提携は韓国の江原道、中国河北省、ロシア沿海地方と行い、日本海対岸の地域との交流を深めてきた。鳥取県文化観光局国際交流推進課の資料『鳥取県の国際交流』(二〇一二年九月一四日)では、「環日本海に打って出る鳥取県」「大交流時代の拠点を目指して」と、県の対外交流にかける強い意気込みを感じさせるタイトルで県の国際交流活動を紹介している。

鳥取県では、「環日本海交流」の西の拠点を目指すとして、韓国江原道、中国吉林省、ロシア沿海地方が参加する北東アジア地域国際交流・協力地方政府サミットを一九九四年に開催した。二〇〇〇年の会議からはモンゴル中央県もメンバーとなり、その後も毎年一回、場所を変えて行われている。

日本海側の地域は、日本以外の韓国、中国、ロシア、北朝鮮の沿岸地域を含め、それぞれの国の中心地域から遠く離れ、一般に経済発展が遅れている。そうした地域が相互に交流を深めることで、環日本海沿岸地域全体の発展を目指そうという「環日本海交流」あるいは「北東アジア交流」の動きが草の根レベルで行われてきた。

鳥取県では「北東アジア大交流時代」の幕開けを誘導すべく、五地域をつなぐネットワークの構築と、ヒト、モノ、情報が行き交う「一つの経済圏」の構築とその拠点となることを目指している。こうした構想の中で、江原道との姉妹都市交流が推進されてきた。

一方、二〇〇五年の竹島の日の設定の際、江原道から鳥取県は交流中断の通告を受け、実際に交流が中断された。島根県のとばっちりを受けたかたちとなった。では鳥取県として「竹島の日」を巡って、当時どのような考え方で事態に対応したのだろうか。

現知事である平井伸治は県議会での竹島問題および江原道との姉妹提携に関して以下のように述べている。

平成二〇年二月定例会（平成二〇年三月一一日）伊藤美都夫議員からの質問への平井知事の回答を見てみよう。少し長くなるが、国レベルの対立に対して姉妹都市交流をどう考えるかということについて、鳥取県の姿勢および姉妹都市交流の捉え方が読み取れる。

次に、韓国江原道との交流が中断をしたのが平成一七年三月である。このときに副知事としてどういうように見ていたのか、率直な感想をというお話でございます。

私自身は、最後の県議会だったと思います。平成一七年二月の県議会で議論を拝見させていただきました。その時期にちょうど隣の島根県のほうで条例制定があり、鳥取県はたまたまだったのかもしれませんけれども、かねてから暫定水域を視察に行ったりなどということもありまして、県議会のほうでの議決もありました。この議決は、もちろん暫定水域の問題とあわせて国に対して竹島の解決を求めるというそういう決議だったと記憶をいたしておりますが、その後、直ちに韓国側の反応があったのを自分でも鮮明に覚えております。

向こうからの話は、我々としては大変突然でありました。これほどまでに日本の鳥取県の県議会の模様が韓国側のマスコミで大きく報道されているのかと大変に驚きましたし、それにあわせて江原道だけでなくて、韓国側の大変に感情的な反応があったなという感覚を持ちました。そして交流を中断をするというキムジンソン知事の記者会見が三月の末、二八日ごろだったと思いますが、それが行われたわけでありまして、私どもとしては、ある意味突然でありましたが、交流中断という現実を突きつけられたわけであります。（中略）

そうした非常に残念な思いがありましたので、先ほども御紹介がありましたけれども、私自身は就任当初からキムジンソン知事に書簡を送らせていただきまして、交流再開を呼びかけをさせていただきました。そのための努力は私どものほうでもしたいということを申し上げ、日本と韓国との本当の意味の理解を図っていくという意味で、未来に向けた交流をしようではありませんか、そのための再開をしようではありませんかと呼びかけをさせていただいたわけであります。

この呼びかけだけでなくて、九月の定例議会で、県議会の冒頭から議決をされて交流再開を江原道議会に訴えかけられたこと、非常に大きな意味があったと思います。キムジンソン知事のいろいろなお話を伺っていますと、やはりお互いに民主主義の国でありますそれぞれの地方政府がそれぞれによって立つところの基盤は、それぞれの県民、道民であります。ですから県民や道民の考え方、意識がどういうように動くかということと不即不離で地方政府も動いていかなければならないわけであります。ですからお互いの心が離れていく、それが道民、県民レベルで起こってしまったということになりますと、どうしても地方政府としてもそれに応じた対応をとらなければならなかった、それがキムジンソン知事の苦渋に満ちた胸のうちではなかったかと思っております。（中略）

私たちは、せっかく再開をしたこの交流というものの精神を大事にしなければならないと思いますし、交流再開に向けてこの一年間費やしてきたエネルギーも大切にしなければならないと思います。そういう意味で江原道との交流を、さらにこれを契機として、雨降って地固まるの言葉どおり育てていく、そういう努力をしたい、そういう決意を新たにしているところであります。

これと関連してお話がございました。竹島問題を口に出さず避けて通るのではなく、解決すべき課題として認識しながら過去の束縛から抜け出し、真摯に話し合うことが必要ではないかというお話でございます。

これについては、伊藤美都夫議員御自身も今述べておられましたとおり、この領土問題は国と国とがお互いに協議をして折衝して解決すべき問題であります。我々県庁として、地方自治体としてお互いの間に国境を引くという権限はないわけであります。地方分権の議論も華やかになされておりますけれども、外交、防衛は、これは国の専権事項であると、これは異論をまたないところでございます。ですから、そういう意味でこれは国と国とが解決する以外に道はないわけであります。国際法上もそういう理解だろうと思います。

しかるに私ども地方政府は何をなすべきかと申しますと、私の考え方では、これは民間の交流を支える存在なのだろうというように思います。我々は外交権を持たないわけでありますから、経済の面での交流ですとか、お互いに人的な交流を行って、真の意味の世界平和を恒久的なものに育てていくこと、あるいは子供たちの成長を支える上で国際人としてそれぞれの地域で人材を養成していくこと、いろいろな課題 があろうかと思いますが、こうした地域として取り組み得る民際交流を地域と地域との交流で育て上げていく、こういう使命が地方政府の役割ではないかと思っております。そういう原点に立ち返りますと、江原道の道庁と我々の県庁との間でこの問題についてちょうちょうはっし、やりとりをするという性質のものでは ないのではないかと私は思っております。（後略）

以上のように領土問題はあくまで国の問題であり、そうした問題に左右されず、県としては草の根レベルの交流を貫く姿勢が示されている。日本海沿岸に位置し、大陸との交流を大切にしたいという県の立場を示すとともに、国の外交方針をにらみながら地方としての独自の立場を維持したいという姿勢が示されている。

では鳥取県と江原道のトップはどのように両者の関係を発展させたいと考えているのだろうか。二〇一四年七月、モンゴルで開催された「第一九回北東アジア地域国際交流・協力地方政府サミット」では、鳥取県の平井伸治知事と江原道の崔文洵知事はともに参加し、その際、相互交流について詳細に話し合っている。

平井知事からは環日本海定期貨客船航路の発展的運航について江原道の積極的な取り組みを求めるとともに、鳥取県と江原道襄陽《ヤンヤン》空港を結ぶチャーター便の検討など、海路・空路による北東アジア一体化に向けて提案し、崔文洵知事も積極的に検討したいとの返答を得ている。

北朝鮮との姉妹都市

一般にはあまり知られていないが、国交のない北朝鮮との間で姉妹都市提携が行われていた事例がある。鳥取県境港市と北朝鮮の元山との姉妹都市提携である。

日本海に面する境港は、明治以後、日本海国内航路の要衝として発展し、また一八九六年には貿易港として朝鮮半島の釜山、仁川、元山等と定期航路で結ばれていた。

第二次大戦後も、日朝間の国交がない状態の中で、境港と北朝鮮との貿易は続いていた。そうした状況の中で、貿易促進や漁業資源確保などを目指して一九七九年に境港市議会に日朝友好促進議員連盟が発足し、元山との姉妹都市提携を求める動きが開始された。

その後、境港市から毎年のように訪朝団が送られ、一三年の時間を要して一九九二年五月一四日に境港市が訪朝団を送り元山市での友好都市提携の協定が調印された。

その協定書では、両市は相互の合意に基づき代表団を派遣すること、必要に応じて親善交流を行う、両市の関係機関との間で経済、文化、体育など各分野において必要な資料の交換を奨励するという内容となっている。当初の交流目的は、国レベルにおける漁業調整が進まないなかで、日本海の漁場を確保し地元の漁業者を守るためであったといわれる。

しかしながら、一九九二年に姉妹締結はなされたものの、北朝鮮の核開発疑惑によって交流が中断するなど、必ずしも両者の交流は順調には進まなかった。そうした中でも、境港市から市長ら訪朝団が元山市を訪問し、元山市からも代表団が境港市を訪れた。また共同の絵画作品展や、元山市の歌劇団による境港公演なども行われた。

しかし、二〇〇二年に行われた日朝首脳会談で拉致問題が大きく取り上げられたことにより、姉妹都市交流活動は停滞に陥った。そして二〇〇六年に北朝鮮が核実験を行ったことを契機として、境港市は元山との姉妹都市提携を一方的に破棄する決断を行った。

二〇〇六年一〇月一三日の記者会見で、境港市長は「北朝鮮との関係においては、我が国との国交正常化の実現と同国の国際社会への復帰を願うとともに、元山市との交流が一層促進されることを大いに期待」していたという。ところが北朝鮮が核実験を強行し、「長年にわたって維持してきた友好関係を解消することは、先人の努力を思うとき大変残念である」としながらも、「いかなる理由があろうとも、非核都市宣言をしている本市としても、そのような暴挙を決して容認することはできない」として元山市との姉妹提携を破棄する決断をした。

独自性の発揮を目指しつつも、国交のない国、また独裁国家と交流することの難しさを示す事例といえるだろう。

子どもたちは何を学んだか

日韓の姉妹都市では経済面や文化面での交流以外にも教育面での交流も盛んだ。教育交流に参加した生徒はどのような印象を持ち、相手から何を学んだのだろうか。

愛知県小牧市は韓国安養市と姉妹都市提携を行っている。一九九八年から夏休みに両市の小学生が相互訪問し、ホームステイを体験する交流事業を実施している。

小牧市から安養市を訪れた子どもたちは安養市民の自宅で四泊五日の間ホームステイをしながら、市長表敬、テコンドー、伝統あそび、韓国礼節体験などのプログラムに参加する。

一方、安養市から小牧市へ訪問する子どもたちは、同じくホームステイをしながら市長表敬、小牧山散策、温水プール、牧歌の里でのさかなのつかみどり体験などを行う。

小牧の子どもたちの感想は以下のとおりだ。

「言葉が通じないので身振りや手振りや絵などで説明して大変なこともたくさんあったけど、それ以上に楽しい思い出がたくさんできました」

「最初は、安養市の家族にとけこめなくて泣き出してしまうくらい帰りたかったけれど、知らない間に絆ができていて、帰国の時には「もっといたい」「帰りたくない」と号泣してしまいました」

「日本に来たときは、日本独自の文化も教えてあげました。おすしを食べたり、浴衣を着せてあげたり、抹茶をたてたりして、とても喜んでくれました」

一方、安養市の子どもたちの印象はどうだろうか。

「みんな優しくて、明るくて朗らかな印象を受けた。また来たいと思った」

「トイレ、風呂、洗面台が別々にあるのが不思議だった」

「いい友達に出会えてよかったし、楽しかった」

相手の国の言葉が十分に理解できない子ども同士の体験ではあるが、姉妹都市の市民の家庭に直接飛び込むことで、多感な時期に貴重な異文化体験ができたことには間違いない。青少年期の姉妹都市の間の交流体験が、将来の進路にも影響を及ぼしたという話はよく耳にする。幼いからこそ、先入観や偏見を持たず、自然体で相手の家庭や子どもたちを受け入れることができるのだろう。青少年期の異文化体験はそれだけ、大きな印象と影響を青少年の心に残すのだろう。

姉妹都市という顔の見える信頼に基づく関係の中で行われる交流は、通常の国際交流事業以上に、参加させる両親にとって安心できるものだ。また参加した青少年にとっても、姉妹都市という仕組みの中で継続して交流が重ねられ、友情を深めあうことができる。こうした青少年の交流が盛んな日韓の姉妹都市提携は将来の日韓関係にきわめて重要な貢献を行っているといえるだろう。

さて、次章では日本とつながりが薄いと思われがちなイスラム圏との姉妹都市交流を取り上げたい。意外に活発な交流の姿がそこには浮かびあがってくる。

参考文献

日本の姉妹都市　一九九〇年版』国際親善都市連盟編集・発行、一九九〇年
『山陰中央新報「竹島に波高し韓国側の反発㈠」』二〇〇五年四月二八日
境港市HP、「平成一八年一〇月一三日市長記者会見『朝鮮民主主義人民共和国江原道元山市との友好都市盟約について』」https://www.city.sakaiminato.lg.jp/index.php?view=4523
『毎日新聞「北朝鮮核実験：鳥取・境港市、北朝鮮・元山市と友好提携を破棄」』二〇〇六年一〇月一四日
若宮啓文『新版・戦後保守のアジア観　和解とナショナリズム』朝日新聞社、二〇〇六年
「日韓初の姉妹都市　萩市―蔚山広域市（大韓民国）姉妹都市提携四〇年　蔚山広域市親善訪問団の来萩について」掲載日　二〇〇八年五月三〇日、萩市企画課

永井義人「日朝関係と鳥取県における北朝鮮との地方間交流」『北東アジア研究』（二四）、四三－六〇、二〇一三－〇三、島根県立大学北東アジア地域研究センター
『島根県の国際化の現状』島根県環境生活部国際課、二〇一一年
第九回自治体国際化協会「自治体国際交流表彰（総務大臣賞）受賞団体事例紹介」「旭川市」http://www.clair.or.jp/j/exchange/9th_pamphlet.pdf
外務省ＨＰ「ＯＤＡちょっといい話」「小さな村の大きな挑戦　歴史をひもとき、村おこし」http://www.mofa.go.jp/mofaj/gaiko/oda/hanashi/story/2_4.html
美郷町　百済の館ＨＰ　http://www.town.miyazaki-misato.lg.jp/2550.htm
サントリー地域文化賞　宮崎県美郷町 http://www.suntory.co.jp/sfnd/prize_cca/detail/1994ko1.html
鳥取県ＨＰ「鳥取県と江原道の交流」http://www.pref.tottori.lg.jp/37628.htm

第6章

意外に活発なイスラム圏との交流

歴史的なつながり

一七〇〇件を超える日本の姉妹都市提携の中にはイスラム圏との姉妹都市も存在する。二〇弱と数は少ないものの、日本とイスラム圏を草の根でつなぐ貴重な架け橋となっているといってよいだろう。

そもそもイスラム圏と姉妹都市を行う目的は何だろうか。またどのようなきっかけで交流を行うことになったのか。そしてどのような交流が実際に行われているのか。本章では日本人にとってなじみの薄いイスラム圏との姉妹都市提携を行っている活動に焦点を当てて、その一端をのぞいてみたい。

まずイスラム圏のどの国と姉妹都市提携が行われているのだろうか。自治体国際化協会のデータによれば、七ヵ国が該当する。数の多い方から国順に並べると、トルコ七件、インドネシア七件、マレーシア二件、チュニジア一件、エジプト一件、アラブ首長国連邦一件、アゼルバイジャン一件となる。このうちエジプト（カイロ）は東京都、アラブ首長国連邦（ドバイ）は大阪府が姉妹都市になっている。

意外にも歴史的なつながりが姉妹都市のきっかけであるケースがいくつかある。その一つが東京都渋谷区とトルコのイスタンブール市ウスキュダル区である。渋谷区とトルコとは古くからの関わりがある。

一九一七年のロシア革命の際、ロシアにいたトルコ民族の多くは国外に脱出したが、その一部が日本にたどり着いた。日本に定着した彼らはその後、子どもたちの教育の場として一九三七年に渋谷区大山町に小学校を建設した。また翌一九三八年には日本政府の援助により初代のイスラム礼拝堂が同じく大山町に建設された。

戦後には、トルコ大使館が渋谷区神宮前に建設され、また二〇〇〇年にはトルコ政府によって礼拝堂の立て替えが行われた。国内最大級のイスラム寺院である東京ジャーミィである。

ジャーミィとはトルコ語で大規模なモスクを意味する。東京ジャーミィは日本に在住するイスラム教徒のよりどころとなった。宗教施設ではあるが堅苦しさを感じることもなく、日本人市民にも広く公開されており、トルコ文化センターとしてイスラム文化・トルコ文化を伝えるセンターの役割も果たしている。

イスラム様式による壮麗な東京ジャーミィは西洋建築とは異なる美しさがあり、日本人にとって身近にイスラムの文化を体験できる貴重な場所である。著者も数度訪れたが、日本ではないような独特の雰囲気に圧倒される。

さて、二〇〇四年には渋谷区・トルコ友好協会が設立され、姉妹都市提携に向けての動きが始まった。イスタンブール市ウスキュダル区との相互交流である。民間レベルでの交流の動きを受けて二〇〇五年、渋谷区長、区議会議長らはイスタンブールを訪問した。そして、九月五日、ウスキュダル区との姉妹都市提携の調印が正式に行われた。

二〇一〇年には渋谷区長と公募による区民訪問団員を加えた一二人の訪問団がウスキュダル区を訪問。現地で日本の歌や踊りを披露する文化交流が行われた。

一方、翌年にはトルコから県知事や市長が渋谷区を訪問して渋谷区民と交流を行った。ウスキュダル区には渋谷通りと命名された通りがあり、漢字で「渋谷通り」の看板も立てられている。

海難事故と姉妹都市

もう一つ歴史的なつながりがイスラム圏との姉妹都市に結びついた事例がある。和歌山県串本町とトルコの二つの町との姉妹提携である。串本町は人口一万八〇〇〇の小さな町だが、全国で唯一イスラム圏と二つの姉妹都市を持っている。いずれも一九世紀に起こった海難事故に起因するものである。

六〇〇名あまりが乗船したトルコ海軍「エルトゥールル号」がトルコへの帰路の途中、暴風雨にあい和歌山県串本町の樫野崎灯台下の岩礁に衝突し遭難した。一八九〇年九月一六日のことである。

この惨事に対して地元の住民が総出で救助と生存者の介抱に当たったが五八七人が犠牲となった。その後、日本国、トルコ国の援助のもとに慰霊碑が建立され、トルコ、和歌山県、串本町の協賛のもとに盛大な追悼祭が行われてきた。

この追悼式に出席したトルコ人政治家の仲介で、同じ漁業の町であるヤカケントと七五周年追悼祭の前日となる一九六四年一一月一一日に、姉妹提携についての議決が串本町議会で行われた。

さらに一九七五年には、第二次世界大戦中に国籍不明の潜水艦によって沈められ、その乗組員のほとんどが犠牲となったトルコ軍艦の慰霊碑のあるメルシンとも姉妹提携が行われた。

ヤカケントと比べてメルシンは町の規模が大きく、現在はメルシンとの交流が中心となっている。姉妹都市交流の核を成しているのは青少年の相互交流事業で、中学生を中心とした交流団の派遣、受け入れを行っている。

最近の交流ではメルシン市の青少年団が二〇一四年七月に串本町を訪れ、田嶋町長を表敬訪問し、大島中学校を訪れて生徒と交流している。彼らは町内で二泊三日のホームステイを行ったが、彼らを受け入れたホストファミリーはもっと長くいて欲しかったという。

民間レベルで姉妹都市交流に携わっているのは二〇〇一年に結成された串本町トルコ友好協会である。協会ではトルコ料理の講習やトルコ語の学習、さらには小学校の総合学習の指導などに携わっている。

姉妹都市提携を契機に、トルコ文化に住民が目覚め、日本でのトルコ文化の普及に一役買っている。協会会員の串本町の女性たちはトルコ民族舞踊をマスターし、トルコからの訪問団の歓迎会ではトルコの民族衣装を着て踊りを披露する。

これにはトルコの訪問団も、異教徒の日本人のトルコ舞踊を見て目を白黒させたに違いない。逆に、日本人がトルコを訪れ、現地の人たちが着物を着て日本舞踊で出迎えたらどうだろうか。異文化に対する抵抗感の少ない日本人だからこそできるユニークな歓迎方法といえるだろう。

まちおこしのための交流

山形県寒河江市とトルコ北部の黒海に面したギレスン市との姉妹提携はさくらんぼが縁となっている。寒河江市は日本有数のさくらんぼの産地であり、さくらんぼの原産地といわれるギレスン市との姉妹提携を一九八八年に行った。さくらんぼはギレスンから二〇〇〇年ほど前に、ヨーロッパへ伝えられ、アメリカ大陸を経て明治の初めに日本に伝わったといわれる。

姉妹都市の締結後、小中学生の交換絵画展の開催、寒河江市民訪問団のギレスンへの訪問が行われ、またギレスン市で開催された芸術文化祭に寒河江市を紹介する展示品も出品された。またギレスン市からは職員が寒河江市でまちづくり研修を実施するなど活発な交流が行われてきた。

一方、市民による寒河江・ギレスン親善協会も設立された。そこではトルコ語講座やトルコ料理体験などが実施され、市民にトルコ文化を教えるさまざまな機会が提供された。

二〇〇三年の日本におけるトルコ年の際には、トルコ国立イズミール交響楽団の演奏も市内で行われ、多くの聴衆を魅了した。ではギレスン市側ではどうか？　相手都市でも締結後、市内に「寒河江公園」と「寒河江通り」を設置するなど、日本の熱意に呼応するかのようにギレスン側も熱心に交流に取り組んでいる。

さて興味深いのは、寒河江市がギレスンとの姉妹都市提携を観光に結びつけていることだ。一九九二年に市の観光物産振興の拠点である「道の駅寒河江チェリーランド」にトルコ館が建設された。

チェリーランドは道の駅としては東北一の規模を誇る。さくらんぼによる一種のテーマパークであり、市の観光物産振興の拠点としてユニークな施設がそろっている。例えば、さくらんぼ会館にはさくらんぼに関する資料が展示されており、チェリーランドさがえには、山形県内の工芸品・観光物産センターとレストランがあり、また茶会ができる「臨川亭」や世界各国のさくらんぼが植栽されている国際チェリーパークが配置されている。

そうした中でひときわ観光客の目を引くのが「トルコ館」である。「トルコ館」はオスマントルコ時代の建物を模して造られ、大理石や屋内壁画のタイル、階段手摺の金具類など、現地トルコから取り寄せた本格的な建築物である。

館内には、姉妹都市からの物品のほか、トルコから輸入された陶器、ガラス、織物、アクセサリーなどの民芸品や工芸品が展示され販売されている。建物二階のギレスンカフェではトルココーヒーやワインなども提供され、本格的なトルコの雰囲気を味わうことができる。買い物ついでに、東西文化が融合したトルコ文化を体験できる日本で数少ない貴重な施設といえる。

市民参加の文化交流

マレーシアと交流しているのは福岡市である。福岡市はマレーシア・イポー市と姉妹都市提携を行っている。福岡市は一九七七年以降、毎年「青年友好の翼」をマレーシアに派遣し、一九七九年からはマレーシアから青年を受け入れてきた。その結果、イポー市から福岡市に対して姉妹都市の希望が出され、一九八九年に姉妹都市提携が行われた。

毎年八月には福岡・マレーシア・イポー青少年交流訪問団がマレーシアを訪問し、現地でホームステイや学校の体験入学が行われている。高校生をメンバーとするこの事業では、参加する若者は日本と異なる文化をマレーシア人の家庭に滞在しながら体験することができる。

二〇一二年の派遣では、ちょうど断食月であるラマダンに当たったという。不便を覚悟したに違いない日本人の生徒たちだが、現地の人たち自身は試食できないのに彼らのために料理教室を開催するなど、思いがけない歓待もあり、日本人の学生を感激させた。

一方、イポー市からも同様に福岡に高校生が訪問し、福岡でホームステイを行う。日本のホストファミリー向けのちらしには、「訪問メンバーは、ホームステイを通じて、ホストファミリーの皆様と新たな発見や感動を分かち合いながら、生活環境、習慣、言葉の違いを乗り越え、日本の文化を学びます」とある。

マレーシアはマレー系、中国系、インド系の人びとで成り立つ国家であり、宗教もイスラム教、ヒンズー教、仏教など多彩であることが記されている。イスラム教徒の場合には宗教上の制約（豚肉を食べない、犬は敬遠される、お祈りの時間がある等）があるので、受け入れ家庭を対象に事前説明会を開催するとしている。

実際に受け入れたホストファミリーの感想はどうだろうか？　宗教の違いによる異質性より、むしろ青年たちの人柄に強い印象を受けたようだ。「さすがに、交流団員として派遣されるだけあって、日本の事を良く勉強してきておりました。また、陽気で活発なだけでなく、礼儀正しい青年たちでした」との感想を述べている。

こうしたホームステイによる青少年交流に加えて、さまざまな活動が行われている。一九九〇年から福岡市で開催されている「アジア太平洋フェスティバル福岡二〇一四」にイポー市長が参加し、またイポーの市民団体のメンバーで構成されたサイクリストチームが訪問。大阪―福岡間を自転車でツーリングするなどの交流が行われている。

地元の特産品が契機となった姉妹都市交流もある。愛知県瀬戸市とチュニジアのナブール市との姉妹提携がそうだ。互いに焼き物の町であることが提携の理由となっている。ちなみに瀬戸市ではフランスのリモージュ、中国の景徳鎮、韓国の利川市と提携を行っているがすべて陶磁器の町である。

チュニジアのナブールとの交流は、一九九七年にチュニジア大使が瀬戸市を訪問したことがきっかけとなった。その後、瀬戸市制施行七〇周年を記念して「瀬戸市・ナブール市交流展」が市民会館で開催され、またナブール市で開催された「国際陶磁器フェスティバル」に瀬戸の焼き物が出展された。そうした交流を積み重ね、二〇〇四年に姉妹都市提携の調印が行われた。

同じ焼き物の町であることの特色を生かそうと、チュニジア人陶芸家を招いて瀬戸市での滞在制作やチュニジア人画家と瀬戸市の画家とのジョイント絵画展の開催などが行われてきた。また二〇一四年一一月には姉妹都市提携一〇周年を記念して「チュニジア音楽コンサート」が市内で開催された。このコンサートでは、チュニジア文化体験としてアラビア書道体験、チュニジア衣装体験と撮影、モザイクタイル体験などが合わせて行われ好評を博した。

イスラムの国の中でも日本人からするときわめてなじみの薄いアゼルバイジャンとも姉妹都市提携が行われている。静岡県伊東市は二〇一三年にアゼルバイジャン共和国イスマイリ州と姉妹都市提携を結んだ。イスマイリ州に建設された日本庭園に感動したアゼルバイジャンの大統領の命で日本との姉妹都市提携を模索していた同州が伊東市に対して提携を申し出たことがきっかけとなった。前年には伊東市長がイスマイリ州を訪問し、相互の文化の理解を深めることを目的として姉妹都市の締結が行われた。

二〇一五年からは夏休みの期間に学生の相互交換ホームステイ事業が行われている。アゼルバイジャンの学生に対しては、伊東市のボランティアがスカイプによって日本語の授業を行っている。現在、それぞれ引率者一人、学生二人が参加して双方向の学生交流が行われている。イスマイリ州でホームステイをした伊東市の学生は、三世代で暮らしていること、親戚がよく集まり一緒に食事をすること、お酒がない代わりに甘いものがたくさん並ぶことなどを印象として滞在記に記している。

ムスリムとホームステイ

ムスリム（イスラム教徒）の人たちを日本の家庭でホームステイをさせるとすればどのようなことに気をつける必要があるのだろうか。

まず最も気をつけなければいけないのは食事である。ムスリムは豚料理がだめだということはよく知られているが、人によって厳格さが異なる。豚肉だけがダメなのか、豚を使ったハム、ラード、ショートニング、豚肉エキスの入った調味料、スナック菓子もダメなのか、さらにはハラール処理していなければ鶏肉や牛肉もダメなのかといったことだ。そうしたことを事前にしっかりと聞いておくことが重要だ。

肉がダメであれば、肉を使っただしの代わりにカツオだしや昆布だしを利用するといった工夫が必要になる。日本的な食べ物、たとえば、ごはん、豆腐、味噌汁、焼き魚、野菜で問題ないし、洋食であればパン、ジャム、サラダやジュース、果物などであれば大丈夫だろう。つまり、魚と野菜中心の料理であればほぼ大丈夫だということだ。ただし魚介類でも刺し身や活き造りなどは慣れていないこともあって食べない人も多い。

アルコールについてはどうか？　お酒はもちろん調味料の添加物に微量のアルコールが入っているのもダメという人もいれば、比較的ルーズな人もいる。

彼らは、自分が食べられないものをわかっているので、出された食材をみながら、時には中身について尋ねながら自分で判断して食べるので、判断に迷ったときは材料を見せるとよいだろう。また宗教的な理由ではなく、アレルギーで食べられない食材があるという人もいるので注意が必要だ。

食事以外では、イスラム教では犬は不浄なものとされており、犬のぬいぐるみなども嫌がる人がいるという。ただし国によっても、個人によっても違いが大きい。またムスリムは一日五回のお祈りの時間があるが、これも人によって異なる。毎回必ずそうする人もいるが、お祈りができない状況の中ではやむを得ないと考える人が多い。

またムスリムに限らないが、お風呂の使い方も注意が必要だ。入浴する人が代わっても浴槽のお湯をためたままにしておく日本流の風呂の使い方は、そのことを事前に教えておく必要がある。実際にはシャワーで済ませる人も多く、それも夜ではなく朝にしか浴びないという人もいる。

意外と複雑で間違いやすいのがスリッパの使用方法だ。スリッパは座敷では使わないことやトイレにはトイレ用のスリッパがあって履き替えることなど、日本人には当たり前でも、外国人にとっては教えられないとわからないルールだからだ。

番外編

姉妹都市ではないが、イスラム圏ときわめて活発な交流を行っている村があるので紹介しよう。愛知県豊根村とサウジアラビア王国との交流である。

豊根村は愛知県の最北東部に位置する人口一二〇〇人の小さな村だ。愛知県内で最も人口の少ない自治体であり高齢化率は四五％に達する。

この小さな村がサウジアラビアとの交流を行い活発な活動を行っている。この交流は二〇〇四年の愛知万博がきっかけとなっている。愛知万博では二〇〇七年から日本に住むサウジアラビアの留学生を村に招いて、山村の自然を体験しながら交流を図る事業を実施している。サウジアラビアはイスラムの規律を厳格に守ることでも知られており、日本との間の交流は極めて少ない。村の取り組みは日本とサウジアラビアの間で行われている貴重な交流事業として、二〇一二年に在日サウジアラビア大使館から表彰された。

なぜ小さな村がサウジアラビアと交流するようになったのだろうか？

交流のきっかけは二〇〇五年に行われた愛知万博に遡る。このとき「一市町村一国フレンドシップ事業」として県内の自治体は、参加した国との交流をすることが決められた。豊根村では相手先がサウジアラビアに決まり、村民は交流促進委員会を組織して交流の実施を決めた。そして豊根村では愛知万博が終了し現在に至るまで、その関係を大切にしてサウジアラビアとの交流活動が行われている。

豊根村で行われた活動は、サウジアラビア理解講座を大人向け、子ども向け双方に開催し、サウジアラビア展を村内で開催してきた。子ども向けの講座では在日サウジアラビア大使館附属のアラブイスラーム学院のスタッフが、サウジアラビアの伝統衣装で登場し、サウジアラビアやイスラムの文化を分かりやすく説明した。

一方、サウジアラビアの留学生を受け入れる事業では、地元の教員、役場職員、民間企業で働く人々など多様なメンバーが受け入れのための準備活動に参加し、まさに村ぐるみによる受け入れが行われている。

この事業では東京・大阪などの大都市へ留学しているサウジ学生を一週間、豊根村へ招待し、スキー、登山、渓流川遊び、ダム湖巡視船の乗船体験、ブルーベリー狩り、パラグライダーなどの自然体験プログラムを行う。彼らは滞在期間の一部、村民の家庭でホームステイして、日本の田舎の生活を体験する。さらにフットサルなどのスポーツやバーベキューを通じた住民交流も実施されてきた。

過疎化が進み村の活力低下が危惧される山村ではあるが、豊根村では、砂漠の国、サウジアラビアの将来を担う若者に豊根村の豊かな自然を体験してもらいたいと考えている。また日頃、外国人と接する機会の少ない村民にとって、異文化を体験する絶好の機会として位置づけている。

この事業では過去に参加したサウジの留学生が後輩へ豊根村の良さを伝えるという循環ができており、参加希望者が絶えないという。また、先輩学生が通訳兼サポート役として再び参加したり、事業の後、個人的に再び豊根村へ訪問する学生もいるなど、住民レベルの草の根交流が続いている。二〇一四年に五年ぶりに開催されたふるさと豊根まつりでは、三人のサウジアラビア人留学生ＯＢが参加し、民族衣装を着てアラビアコーヒーやデイツ（なつめやしの果実）を提供して好評を博した。

留学生の宿泊受け入れを担っている村内の旅館では、女将さん自らイスラム文化を勉強してイスラム教に則った食事を提供し、留学生からは「日本のお母さん」と呼び慕われて、今では何十人もの「息子」を持つ存在になっている。

こうした例をみると、外国人との接触がほどんどない一般の日本人も決して排他的ではなく、異文化に対して偏見を持っていないことがわかる。むしろ異文化に好奇心を持ち積極的に触れ合いたいと考えている人も多いといえる。そうした気持ちは相手側にも伝播し、好感と信頼の輪が広がっていく。交流の機会が与えられれば積極的に参加したいと考える日本人は数多くいるといえるだろう。

この事業を始める前に村民のサウジアラビアの文化についての知識、イスラム教についての理解はほぼゼロだっただろう。だから交流は失敗する、あるいは止めたほうがよいと考えたのではなく、逆に交流しようと考えたのは村民の積極性、意識の高さの現れといえる。ハードルが高いと思われたサウジアラビアからの訪問客に対して、相手を心から受け入れたいという村民の姿勢が、彼らの心を打ち、双方の信頼関係につながっている。

豊根村のこの経験は、日本人であればだれもが持つ素朴なおもてなしの心が文化の異なる人々に対しても十分に理解され、感謝されることを示している。またそれを成功裏に行うために、豊根村が行ったように異文化を理解するための事前の基礎的な学習も極めて重要だった。そうした配慮をすればほとんどの文化摩擦は避けることが可能になるといえるだろう。

参考文献

渋谷区ＨＰ「トルコ共和国イスタンブール市ウスキュダル区との友好交流」

東京ジャーミー・トルコ文化センターＨＰ「東京ジャーミーの歴史」http://tokyocamii.org/ja/

串本市観光協会ＨＰ「トルコ軍艦「エルトゥールル号」遭難」http://www.kankou-kushimoto.jp/miryoku/torukokinenkan.html

串本町トルコ文化協会 facebook, https://www.facebook.com/Kushimoto.Turkey/

自治体国際化協会ＨＰ「自治体間交流」「寒河江市」http://www.clair.or.jp/j/exchange/shimai/data/detail/265

道の駅寒河江チェリーランドＨＰ「トルコ館」http://www.michinoeki-sagae.com/michinoeki_facility.html#cherryland

豊根村・サウジアラビア王国交流促進委員会ＨＰ http://www.vill.toyone.aichi.jp/toyone-saudi/index.htm

第7章 姉妹都市交流の効果

この章では姉妹都市交流が地域社会にどのような効用を持つのか、また日本と近隣諸国、また世界の安定と発展にどのような貢献ができるのかを考えてみよう。

最初に、姉妹都市の地域社会への貢献の面から見てみたい。経済交流、まちおこし交流、課題解決型交流について見てみよう。

経済交流

経済交流として真っ先に思いつくのは姉妹都市に地元の産品を輸出するということだろう。しかし、これはきわめてハードルが高い。まず販路が限られてしまうこと。姉妹都市という小さな市場だけでは商売にはならない。逆に姉妹都市から商品を輸入する場合はどうだろうか。これもよほど著名なものであれば売れるだろうが、なかなか大量に売るのは難しい。また姉妹都市側としても日本の姉妹都市に市場を限るのであれば儲けも少ない。しかし、実験的に市販するようなケースや、あるいは姉妹都市のイメージを活用した観光戦略を結びつければ効果は生まれる。

群馬県の甘楽町はイタリア中部のフィレンツェに近いチェルタルド市と姉妹提携を行っている。両市の間では青少年交流を中心に極めて活発な交流が行われており、一九九三年には、姉妹都市締結一〇周年を記念して現地のプレトリオ宮殿の中庭に茶室、甘楽庵が設置もされている。

さて、甘楽町では経済交流も活発だ。一九八五年からチェルタルド産ワインの直輸入販売を始めた。赤・白・ヴィンサント・グラッパなどその品目は二〇種類を超えるまでになっている。オリーブオイルやバルサミコ酢を加えたイタリア特産品販売は、「道の駅甘楽」の呼び物の一つとなっている。

さらに、二〇一四年には「道の駅甘楽」新装オープンに合わせてチェルタルド市から職人を呼びタイルで装飾されたピザ窯が新設された。それに合わせて、本場の味と技術を習得するためにチェルタルド市に三ヵ月間スタッフが派遣された。イタリア仕込みの本格的なピザは道の駅甘楽の名物の一つとして親しまれている。

甘楽町の例はたとえ小さな自治体であっても姉妹都市を有効に活用して経済交流を行うことができることを示している。

貿易以外でも興味深い事例はたくさんある。その中でも、札幌市とドイツのミュンヘン市との協力による「ミュンヘン・クリスマス市 in Sapporo」は姉妹都市提携の経済協力の最大の成功モデルといえるだろう。ビールの街であり、またともにオリンピックの開催地であることから、一九七二年に札幌市とミュンヘン市の間で姉妹都市提携が行われた。

二〇〇二年、両市が姉妹都市提携を結んで三〇周年を迎えたのをきっかけに、ミュンヘンの年中行事のひとつであるクリスマス市を札幌で開催することになった。ところが予想以上に好評を博し「ミュンヘン・クリスマス市 in Sapporo」として毎年行われることが決定した。一一月から一二月にかけて行われるこの行事は今では札幌の冬の風物詩となり、二〇一四年には一〇二万人が訪れるビッグイベントに成長している。

リンゴで有名な弘前市はリンゴの付加価値を高めようと姉妹都市ではないもののフランスのブーヴロン・アン・ノージュ村と活発な交流を行っている。フランスではリンゴを発酵させて作った果樹酒、シードル酒がよく飲まれる。二〇一二年、弘前市長以下、リンゴ作物の関係者がシードル生産の先進地のブーヴロン村を訪れた。シードルの生産方法やシードルに関する食文化を学ぶとともに、同村からシードル生産の技術指導を受ける協定を行った。翌年、再度、弘前市の関係者はシードル酒の醸造元を訪問し、二〇一五年にはブーヴロンの村長や技術指導者を弘前市に招いた。こうした指導が功を奏して、弘前のリンゴファームが二〇一六年四月にドイツ・フランクフルトで開催された国際シードルメッセで、アップルスパークリングワイン部門で最高賞となるポムドール賞を日本で初めて受賞した。農業の六次産業化が叫ばれるがまさにその見本となるような実績が海外との農家同士の交流から生まれることになった。

姉妹都市交流はアイデアと熱意次第で都市の活性化を導く切り札となりえる。姉妹都市という海外のお手本をモデルに、そこからさまざまなことを吸収し、また時には共同して地域の活性化を導くイノベーションを引き出すこともできるのだ。

まちおこし交流

経済交流とよく似た交流としてまちおこし交流がある。たとえば、姉妹都市の持つノウハウをまちづくりに利用するといった活動である。実際に商工関係者が姉妹都市を訪れ、商店街やショッピングセンターを視察して、姉妹都市での販売方法や店の展示のしかたを参考にするといったことがあるだろう。また日本ではまだ販売されていない商品を知ることで、日本での販売を思いつくかもしれない。

こうした経済活動は自治体そのものが行うのではなく、地元の商工関係者、例えば青年会議所や商工会議所同士が活発に交流することで生まれてくる。

石川県七尾市では、都市の活性化を模索する過程で、企業関係者らがアメリカ西海岸のモントレー市を視察した。モントレーのまちづくりや商業活動に感銘を受けた参加者はその後、七尾マリンシティ推進協議会を立ち上げる。以後、モントレーからさまざまなまちづくりのノウハウを学ぶなかで、モントレーとの姉妹都市提携に結びつけた。

さらに七尾市はモントレーから得た活性化のアイデアをもとにしてフィッシャーマンズワーフを町の観光の目玉として完成させた。町の将来に危機感を持った地元の関係者が熱心にモントレーを何度も訪れ、まちづくりのノウハウを学んだことが、姉妹提携につながり、その後の活発な交流に結びついている。

愛媛県内子町はドイツのローテンブルク市と姉妹提携を行っているが、町の活性化の起爆剤となっている町並み保存をローテンブルク市の取り組みから学んだ。ローテンブルク市は第二次世界大戦によって市の四〇％が破壊されたが、歴史や文化を大切にしながら、中世の街並みの復興に取り組んできた。一九八六年、内子町はローテンブルク市長を招き、「町並み保存とまちづくり」をテーマに「内子シンポジウム86」を開催し、それをきっかけとして芝居小屋「内子座」など街並み保存を本格化させた。その後、両都市の間では青少年交流など活発な交流が行われ、一万一〇〇〇人の内子町の人口のうち三〇〇人近い町民がローテンブルクを訪れた。

温泉町同士のユニークな姉妹都市交流もある。大分県別府市とニュージーランド・ロトルア市の交流がそうである。別府市には温泉の蒸気を利用した市の体験型施設「地獄蒸し工房」があり、年間一〇万人近い観光客が訪れる。地獄蒸しは専用の釜に野菜や肉、魚介を入れて蒸気で加熱するもので江戸時代から続く料理法として別府で定着している。

ロトルア市長が別府を訪れこの施設を見学したことがきっかけとなって、ロトルア市で同様の施設を市営公園内に建設することになった。施設は「別府キッチン」と名付けられ、既存の足湯施設の隣に建設されることになっている。別府市からは地獄蒸し工房の配管や外観の図面を提供するという。まさに温泉町同士ならではのまちおこしの交流といえる。

姉妹提携を利用した県レベルの経済交流もある。滋賀県とミシガン州との姉妹都市提携による交流も興味深い。滋賀県の琵琶湖には観光船「ミシガン」が就航しているが、これはミシガン州との姉妹都市提携がきっかけとなっている。この観光船にはかつて、ミシガン州のランシング・コミュニティ・カレッジの学生が乗船していた。一年間、大津に在住し、日本文化を学びながらミシガンに乗船して働いていた彼らは琵琶湖観光の目玉の一つとなっていた。

兵庫県では姉妹州であるアメリカ・ワシントン州との協力により、三田市に住宅地として「ワシントン村」を建設した例がある。日本にない独創的な街づくりとして、アメリカの住宅地の町並みを再現したのである。街全体の電力、電話の配管・配線を地中へ埋設し、無電柱化を実現したほか、道路計画では袋小路や曲線を描くロールカーブを採用し、日本の碁盤の目とは対照的なアメリカ風の町並みを採用した。またワシントン村の住宅にはワシントン州から直接輸入された住宅建材が使われた。

しかし、姉妹都市との交流をまちおこしに利用するというアイデアはすべて成功するとは限らない。一時的に成功したように見えても、長い年月の間には経済活動が衰退に向かうことも起こりえる。

青森県の旧岩崎村はサンタクロースをテーマに村おこしをしようと考えた。そこでサンタクロースの本場であるフィンランドのサンタクロース・フィンランド協会と「サンタランド協定」を結び、公式にサンタの村の認定を受けた。

その後、フィンランド政府観光局を通してフィンランドの町との姉妹都市提携先を探り、その結果、一九九〇年にラヌア郡と姉妹都市提携を結ぶことになった。その後、旧岩崎村からは毎年中学生を中心とする訪問団がラヌア郡の夏祭りに合わせ訪問を行った。またラヌア郡からも、毎年数名の市民が旧岩崎村を訪れ、本場フィンランドのクリスマスや民俗芸能等を紹介する活動を行った。

一九九八年にはラヌア郡に旧岩崎村は友好と交流の拠点として「日本の家」を完成させた。これまでの交流が評価され、一九九九年にはフィンランド政府から日本人で四人目となる大統領勲章が当時の小山眞人村長に授与され、同年にはラヌア郡より寄贈されたトナカイに待望の赤ちゃんが生まれるなど順調に交流は続いていた。

二〇〇五年、旧岩崎村と旧深浦町との町村合併により新「深浦町」が誕生し、二〇〇六年、改めて深浦町としてラヌア郡との姉妹都市提携が調印され姉妹都市は継続された。

旧岩崎村では、サンタクロースをテーマとして第三セクターによる「サンタランド白神」を一九九六年に開業し、ラヌア郡との交流の成果をこの施設によって活用していた。しかし、その後ブームは去り「サンタランド白神」は経営難に陥った。二〇〇八年には、「サンタランド白神」は閉鎖され、白神山地を観光資源とした宿泊施設「アオーネ白神十二湖」へと衣替えをしてしまった。その結果、サンタクロース色は一掃されてしまい、姉妹都市としての交流は休止してしまっている。こうした例はきわめて少ないものの、経済交流のみに依存すると弊害が起こりかねないことを示す事例といえそうだ。

課題解決型交流

自治体はさまざまな問題を抱えている。そうした問題を解くカギを姉妹都市都の交流によって得ることもできるだろう。また相互に経験を共有することで双方がより高いレベルの解決を目指すことも可能になる。途上国との間では日本の経験を相手都市に与えることによって、相手側の課題の解決に直接役立つ交流を行うことも可能である。

福岡市はマレーシアのイポー市に対して下水道の分野で技術協力を行ってきた。福岡市とイポー市は、一九八九年に日本とマレーシアの都市間では初めてとなる姉妹都市の締結を行った。福岡市はアジアに貢献することを目標の一つとしており、JICAの協力を得て、イポー市で下水道事業に携わる技術者を研修員として受け入れて下水道事業に関する研修を行ってきた。また福岡市の下水道局技術職員をイポー市に派遣し、下水道技術に関する指導・助言を実施した。イポー市で必要とされる下水道事業を担う人材の育成に助力をしてきたのである。また廃棄物埋立技術についてのセミナー開催や改善指導などの技術協力を実施するなど、自治体が持つさまざまな技術的なノウハウを発展途上の姉妹都市に移転する役割を担ってきた。

先進国同士の例もある。横浜市とその姉妹都市、アメリカ・サンディエゴの間は、共通する社会問題をテーマに交流を行った。DV（家庭内暴力）被害を受けた子どもたちに対してシェルターを提供し、心のケアを行っているサンディエゴのNPO職員や教師を横浜に招へいし、横浜市内で同様に青少年を支援する活動を行う学校・NPO等を訪問して意見交換を行ったのだ。

この事業では、サンディエゴからの参加者が、横浜市内の不登校やひきこもりを体験した生徒たちが通う高校を訪問、さらにＤＶ被害から逃れた母子のための支援シェルターを訪れた。またインドシナ難民の子どもたちの母語教室や日系南米人の子どもたちへの教育支援の現場を訪問した。同じ問題に取り組む当事者同士が国を超えて出会い、直接、意見交換を行ったほか、協力団体の関係者を招いてのワークショップも開催された。

当初は「アメリカに引き込もりという現象はないのでは？　アメリカ人は一八歳で親から独立するので、青年のホームレスはあっても引きこもりは存在しない」などと懸念する意見もあったという。しかし交流を通じてアメリカでも同様の問題があることが分かり、さらに横浜の状況は恐らくアメリカの二〇年前ぐらいの状況であること、またアメリカでは状況を放置しないルールが現在ではできていることも判明した。単なる友好親善を超えて、社会問題の解決につながる経験の交流が行われた例といえる。

東日本大震災と姉妹都市

東日本大震災の際にも、姉妹都市提携は大きな役割を果たした。世界中の姉妹都市から被災した地域に対して励ましのメッセージや見舞金が届けられた。その中の一つ、岩手県大槌町とアメリカカリフォルニア州フォートブラッグとの交流を紹介しよう。

大槌町とフォートブラッグの姉妹都市提携は二〇〇五年からと古くはないが、二〇〇一年から学生交流が行われており、二〇〇二年からは隔年ごとに学生の使節団の交流派遣を行ってきた。

二〇一一年三月一一日の震災で大槌町は壊滅的な打撃を受けた。町民の三分の二が行方不明となったのである。大槌町の被災状況についての十分な情報が得られない中で、フォードブラッグでは三月一六日に「オオッチ・リリーフ・ファンド」が立ち上った。フォートブラッグは人口七千人と、人口一万五千人の大槌町よりもさらに小さな町である。しかし、フォートブラッグ側の熱意はすさまじく、募金額として一〇万ドルを目標に開始された。

募金活動は小学校でも積極的に行われたほか、数多くのチャリティイベントが町中いたるところで開催された。町内の企業、レストランや商店など町ぐるみで募金活動が行われ、チャリティコンサートも実施された。フォートブラッグ姉妹都市協会ではチャリティのしおりやTシャツの販売も行った。お金以外にもフォートブラッグの生徒たちは大槌の町民を勇気づけるためにメッセージや詩を書き、また彼らが千羽鶴を折って大槌へ送った。

大槌町の状況をいち早く知るのに役立ったのは、以前から使われていたフェイスブックだった。フェイスブックの「フォートブラッグ大槌エクスチェンジ」というページはフォートブラッグの人々にとって大槌町民の安否確認に役立ったほか、募金情報の広報や大槌を支援する数々のアイデアを募集することにも利用された。

こうして町ぐるみで行われた活動に対して、東梅副町長はフォートブラッグの市民向けに英文のメッセージを出した。震災からわずか二〇日後のことである。

大槌町を代表して、われわれの姉妹都市フォートブラッグに対して深く感謝の意を表したいと思います。フォートブラッグの市民は大槌町のことを心配し、われわれを支援するために懸命に協力して活動していただいたと伺いました。あなた方の心温まる支援と友情はわれわれに確かに届き、皆を勇気づけてくれています。

未曾有の津波により大槌町はほぼすべてのものを失いました。多くの人命、家屋、仕事、美しい海岸線が失われたばかりか、加藤宏暉町長も亡くなりました。大槌町は最も激しい津波被害を受けた町の一つです。

今、町役場のスタッフは町民のボランティアとともに避難所で住民の世話に当たっています。われわれは町の再建に全力を尽くしています。

多大な被災を受けた現状では、姉妹都市との学生交流をいつ再開できるかを伝えることはできません。しかし、われわれは約束します。状況が許す時には、必ず交流事業を再開致します。

二〇一一年三月三〇日

大槌町副町長　東梅政昭（翻訳、筆者）

このメッセージがフォートブラッグの人々の気持ちにさらに火をつけたのは間違いない。フォートブラッグでの募金は最終的に二五万三千ドルに達した。これはフォートブラッグの住民一人あたり三六ドルを寄付したことになる。

さて、副町長の交流再開の約束は二〇一五年一月に果たされた。大槌町の四人の中高生と五人の大槌町国際交流協会のメンバーがフォートブラッグ訪問を実現した。支援に対する感謝を伝えるとともに今後の継続的な交流について再確認が行われた。なお、訪問団は大槌町から震災への同市の支援に対する敬意として「大槌町からありがとう」と書かれた絆の旗をフォートブラッグに寄贈した。

東日本大震災では大槌町とフォートブラッグ以外にも数多くの姉妹都市の間で支援が行われた。日米間の姉妹都市では少なくとも九五のアメリカの姉妹都市が募金活動を行っている。大災害という悲惨な出来事をきっかけに、改めて草の根レベルの絆が深まったといえるだろう。

隣国との関係改善

最後に姉妹都市提携が隣国との関係に与えた影響について考えてみよう。

先に見たように姉妹都市交流は当初、和解や世界平和を目的としていた。ヨーロッパでは戦後に欧州統一に向けての動きに大きな貢献を果たしたといえる。

それでは日本と隣国との関係では同様の成果が見られるだろうか。これまでの姉妹都市交流の状況を見ると、外交や平和の達成に大きな役割を果たしたというより、むしろ外交のネガティブな影響を姉妹都市が受けてきた面が大きい。隣国との関係では領土問題、歴史教科書、首相の靖国神社の参拝など、国レベルの問題の発生によって、その都度、姉妹都市交流も中断などの影響を受けることも多かった。

日本と近隣諸国との姉妹都市提携が十分な効果を見だしていないとすれば、それは国レベルでの包括的な和解が進んでいないためである。欧州においてはドイツと他の国々との和解はまず政府レベルで揺らぎない大方針があり、それを受けて草の根レベルで総合的に取り組まれたが、日本と近隣諸国の間では国レベルの決着がついておらず、すべてのベクトルが和解に向かっているわけではない。つまり、極めて中途半端な状況に日本と近隣の姉妹都市関係は置かれているといえる。

しかし、そんな中で、すべての姉妹都市提携は地域レベルでの交流の活発化とともに両国関係の発展を願って行われてきた。国レベルでの関係の礎として市民同士が交流し、相互理解を深め、共同でさまざまな問題に取り組むという経験を重ねてきた。そして外交では大きな問題が発生しても、市民同士の間では交流を断絶させないという信頼関係も多くの姉妹都市の間で育まれてきた。一旦、国レベルの関係改善が図られれば、両国関係が大発展する基礎を長年にわたって培ってきたということがいえるだろう。

二〇一二年の尖閣諸島国有化の際に中国全土で反日デモが繰り返された。しかし、そうした中、日本と歴史的な関係が深く、北九州市の姉妹都市でもある中国遼寧省大連市では大規模な抗日行動は起きなかった。姉妹都市としての活発な交流があることに加えて、大連には日系企業も多く、上野駅をモデルに大連駅が作られた歴史があるなど、地元の人々にとって日本との関係は欠かせないものになっている。草の根レベルの長期のつながりが暴走に歯止めをかける力になるといえるだろう。

また姉妹都市提携によって市民同士が交流することにより、市民の相手国やその国民に対する客観的な視点を養ってきた。メディアの報道が大きく揺れる中で、自らの体験によって相手国の国民に対する確固たる信頼が培われている。国という枠を超えて一人ひとりの人間としての友情を深めてきたからである。

しかし、姉妹都市交流に参加する市民は全体の都市の人口からすればほんの一握りに過ぎない。ではその信頼の基盤をどうすれば広げられることができるのか。そこで期待したいのは、交流に参加した市民が声を上げて、二国間関係の重要性や友好的な交流による利益について自らの経験を基に社会に訴えることである。それも日本側だけではなく、相手の国の姉妹都市関係者にも同様の行動をとることを期待したい。

交流にコミットした市民が互いに協力して、双方の国で声を上げることは、ネガティブな意識の広がりに対する一定の抑止力になるだろう。ネガティブな側面だけではなく、相手の社会のよいところ、学ぶべき点について実体験を持つ市民が周囲の人々に知らせること、そうしたことが対立に向かう流れにストップを掛けることになるだろう。姉妹都市交流が平和の重要性を謳い、両国関係の相互理解と健全な発展を願う以上、姉妹都市交流に携わる人々には、交流の重要性を社会に伝えることが求められるはずだ。それこそが姉妹都市交流が目指す平和と親善に寄与するという行動だろう。

関係改善に向けて

では、日本と近隣諸国との関係の改善の糸口はどこにあるのだろうか。

まず日米を例にとって関係改善が成功した理由を考えてみよう。同盟関係にあり固いきずなに結ばれているように見える日米間においても紛争となりえる問題が内在している。それは原爆投下の必要性と責任についての日米間の意識のギャップである。この問題を掘り返せば従軍慰安婦問題をはるかに超える深い対立を日米間にもたらす可能性もある。しかし、その意識のギャップが日米間の国民感情の大きなわだかまりにはつながらないのは、両政府の間で、この問題をことさら取り上げないようにしているからに他ならない。

その経験からすれば、日韓、日中関係においても領土問題など、両国民の認識のギャップの大きい問題に真正面から取り組むことは、相互の認識の違いが容易に克服できそうにない現状を考えると賢明な選択とはいえない。むしろ、姉妹都市交流のような草の根レベルでの相互理解を進めることで、国民間の信頼関係の構築を優先すべきだろう。日米の姉妹都市交流の成功はまさにそうしたことによるものだ。

姉妹都市交流の多義的な意義についても注目したい。単に相互理解だけではなく、教育、文化、社会などさまざまな分野の進展に役立つものだ。姉妹都市を通じて、青少年は異文化を体験し、また企業人が先進的な情報を入手することもできる。内向き志向になりがちな地域社会に海外の風を吹き込み、グローバル化の意味を地域住民に教える役割を果たすのが姉妹都市交流である。海外を知ることは自己発見の機会でもある。姉妹都市から訪れた外国人に自らの地域社会を紹介する機会を持つことで、地域の素晴らしさや伝統を再発見し、外国人観光客により開かれた地域になるためのヒントを得ることもできるだろう。

参考文献

長洲一二・坂本義和編著『自治体の国際交流――ひらかれた地方をめざして』、学陽書房、一九八三年
チャドウィック・アルジャー『地域からの国際化』日本評論社、一九八七年
民際外交一〇年史企画編集委員会『民際外交の挑戦――地域から地球社会へ』日本評論社、一九九〇年
榎田勝利「国際交流はいま、現状と課題」榎田勝利監修『国際交流入門』アルク、一九九六年
佐藤智子『自治体の姉妹都市交流』明石書店、二〇〇一年
毛受敏浩「姉妹都市交流」『国際交流・協力入門講座　草の根の国際交流と国際協力』明石書店、二〇〇三年
「群馬県甘楽町とイタリア共和国チェルタルド市の友好親善姉妹都市交流、二〇〇五年六月」
毛受敏浩「異文化を超える装置としての姉妹都市交流」『遠近　二〇〇五年二・三月号』山川出版社、二〇

〇五年
「姉妹都市一〇周年モントレー親善団第二〇回アメリカ研修視察報告書」七尾マリンシティ推進協議会、二〇〇五年
毛受敏浩『姉妹都市交流ブックレット――あなたの町の国際交流をより元気にするために』国際交流基金日米センター、二〇〇六年
山下永子『地方の国際政策』成文堂、二〇〇八年
山下永子「国際都市ネットワーク政策の研究」『都市政策研究第五号、二〇〇八年三月号』、財団法人福岡アジア研究所、二〇〇八年
プルネンドラ・ジェイン『日本の自治体外交』啓文堂、二〇〇九年
毛受敏浩「今こそ、国際交流・国際協力の出番だ――大震災後の草の根国際活動のビジョン」『自治体国際化フォーラム二〇一一年七月号』
群馬県甘楽町企画課、www.mofa.go.jp/mofaj/gaiko/local/action/.../kanra1506.pdf
アメリカ大使館公式マガジンアメリカンビュー「日米の姉妹都市――広がる支援の輪」http://amview.japan.usembassy.gov/sister-cities/

第8章

姉妹都市交流を運営する

姉妹都市提携を行うには

最終章では姉妹都市交流はどのように始めるのか、活動の実態に触れながら考えてみたい。もし、海外の都市と姉妹都市提携を行いたいと考えた場合、どのような手順で行うのだろうか。

通常は自治体がリードして行うケースがほとんどだ。市として姉妹都市提携を行いたいと考え、どこの国にするのか、どのような交流をしたいのかをある程度、想定して探し始める。

その時に手がかりとなるのは自治体国際化協会だ。自治体国際化協会では姉妹都市についての全国のデータを集めるとともに、海外からの日本の自治体に対する姉妹都市提携の申し込み状況を把握し、それを公開している。日本の自治体と姉妹提携を望む海外の都市はきわめて多く、世界中から申し込みが殺到している状況にある。例えば日本と縁が薄いはずのアフリカからも申し込みがある。

直接、日本の自治体が海外の都市から提携の申し出を受けることもある。国際的に名の知られた都市は数多くの姉妹提携の申し出を受けており、同様に、海外の著名都市であれば世界中から姉妹都市の申し出がある。

さて、自治体の内部で、ある程度の候補の絞り込みが済んだ時点で、外務省やあるいは在日の大使館などを通して姉妹都市提携先にコンタクトすることになる。あるいは、地元の関係者の中で、海外と関わり深い人物に斡旋を依頼することもあるだろう。

姉妹都市になりたい都市が見つかり、申し出をしたからといってすぐに姉妹都市提携ができるわけではない。お互いどのような都市なのか、長続きする関係が築けそうか、どのような交流をお互いが求めているのかを確認するための時間が必要だ。双方が最初からノリ気であったとしても、通常、数年掛けてそうしたことをお互いが理解した上で、正式な姉妹都市提携が両者の間で結ばれる。市長が代わっても継続することが前提であるため、継続的な交流ができることがもっとも重要なポイントといえるだろう。

自治体主導ではなく、市民の間から姉妹都市を作りたいという機運が高まり、姉妹都市を締結した例もある。島根県出雲市とアメリカ・サンタクララの姉妹都市提携は、海外研修事業に参加した青年が中心となって姉妹都市提携をリードした。

彼らは一九八四年に出雲国際交流協会を組織し、子どもたちに国際的な経験の機会を与えること、国際色豊かなまちづくりを目標に掲げ、サンタクララ市を姉妹都市の候補として選定。その後、市内中学生の吹奏楽部を派遣するなど熱心な交流活動を積み上げた後、市役所に持ちかけ、正式な姉妹都市提携へと進んだ。このように地元の有力者、経済団体、学者、議員などからこの都市と姉妹提携を結んではどうかという話が持ちかけられることも少なくない。

姉妹都市交流の橋渡し役

地元の企業が海外進出し、その進出した相手先の都市と姉妹都市を締結するという場合がある。たとえば、ヨーロッパとの最初期の姉妹都市提携の一つである滋賀県長浜市とドイツのアウグスブルク市との姉妹提携は、ヤンマーディーゼルが橋渡し役を果たしている。このように地元企業が姉妹都市の橋渡しを行った例では、石川県の小松市と英国のゲイツヘッドの例がある。両市は建設重機メーカーのコマツの英国工場がゲイツヘッド市に建設されたことがきっかけで、一九九一年に姉妹都市提携を行っている。

北海道苫小牧市とニュージーランドのネーピア市との交流も企業が仲介役を果たしている。苫小牧の現日本製紙と現地木材会社による合弁会社がネーピア市に設立され、生産されたパルプを紙の原料として苫小牧に輸入する関係が生まれた。ティッシュの商品名「ネピア」は姉妹都市のネーピアからきている。

ＮＨＫの朝ドラ「マッサン」で有名になった北海道余市町は、余市に工場を置くニッカウヰスキーの創業者竹鶴政孝氏（余市町名誉町民）の妻リタ夫人の出身地である英国スコットランドの旧ストラスケルビン市と一九八八年姉妹都市提携を行っている。なお、一九九六年、スコットランドにおける行政区再編のため、同市はイースト・ダンバートンシャイア市へ移行し、これを受けて姉妹都市提携の再調印が行われている。

また変わったところでは、同名であることが姉妹都市のきっかけになったというケースもある。たとえば、島根県大田市と韓国大田広域市の姉妹都市提携は名前が同じことがきっかけとなっている。一九八七年に姉妹都市提携が行われているが、島根県の大田市の人口は三・五万人、一方、韓国大田広域市の人口は一五〇万人と大きな違いがある。しかし、その違いを超えて、毎年、交互に中学生の派遣事業が行われている。

同名であることから隣町とペアで一度に二組の姉妹都市を結んだという珍しい例もある。一九八〇年九月四日に宮城県の利府町は仏領ニューカレドニアに浮かぶリフー島と姉妹都市に、また隣の松島町はイル・デ・パン島（松島）と姉妹都市提携を行っている。国を超えて同じ名前の都市が隣接していたという全くの偶然から生まれた極めて不思議な縁といえる。

最近の例では静岡県伊東市とブラジル・イトゥー市との姉妹都市提携に向けた動きがある。二〇一四年六月のブラジルW杯で、日本代表の合宿地はブラジルのイトゥー市だった。両市の発音が似ている縁で両市長の親書交換によって交流が始まった。以来、姉妹都市提携の実現を目指し、友好活動に取り組んでいる。

火山があることが縁となって姉妹都市提携を行っている例もある。東京都の大島町はアメリカ・ハワイ州のヒロ市と姉妹提携をしているが、これはいずれも三原山とキラウエア火山という活火山があることがその理由となっている。鹿児島市とイタリアのナポリ市との姉妹都市も火山がきっかけとなっている。一九六〇年に姉妹都市提携が行われたが、鹿児島は桜島、ナポリにはベスビオ火山がある。また鹿児島は古くから「東洋のナポリ」の名称で親しまれていた。

また都道府県が海外の広域自治体と姉妹都市をしている場合、地域内の都市同士が姉妹提携をするというケースも数多い。兵庫県はアメリカ・ワシントン州と一九六三年に姉妹都市を結んでいるが、神戸市とシアトルを筆頭として、県内には一一のワシントン州内の都市と姉妹都市提携が結ばれている。またすでに見たように歴史的なつながりが姉妹都市提携のきっかけとなるケースもきわめて多い。

最近では、「仮想姉妹都市」も生まれている。実際にはありえない町と姉妹都市提携を行おうというものだ。大阪府堺市は二〇一二年に映画『ロード・オブ・ザ・リング』に出てくる「ホビット庄」と仮想姉妹都市提携を締結した。「ホビット庄」は自由・自治のまちとして設定されており、堺も中世・戦国時代には「自由・自治都市」として知られていた。ただこれだけのつながりではない。『ロード・オブ・ザ・リング』はニュージーランドの首都ウェリントン市で撮影されたが、堺市とウェリントンはかつてから姉妹都市であったという事情もあった。堺市では、姉妹都市提携にあわせて映画のパネル展を開催した。

同様に宇宙に姉妹都市提携を求めた市がある。福島県須賀川市は「M78星雲 光の国」と二〇一三年五月五日に姉妹都市提携を結んだ。姉妹都市提携の日には須賀川市長のほか、M78星雲からウルトラヒーローたちが出席した。一種のまちおこしだが、ウルトラマンシリーズに携わった円谷英二監督が同市の出身であり、市内には「すかがわ市M七八光の町応援隊」がこのまちおこしを盛り上げている。

長続きさせるための仕組みとは

在任中の市長の個人的な経験によって、姉妹都市提携が結ばれる例もある。たとえば奈良県の桜井市はフランスのシャルトル市と一九八九年に姉妹都市提携を結んでいるが、これは桜井前市長がシャルトル市を訪問した際、伝統文化を守りながら調和のとれた都市開発を行っていることに感銘を受けたことによる。そのことがきっかけとなって姉妹都市提携が行われた。

トップの個人的な経験だけで姉妹都市提携が結ばれるとすれば、その見識とリーダーシップが問われるが、姉妹都市の関係が一過性のものではなく、半永久的に続くことを考えると、仮に現市長の反対派が将来市長になったときはどうするのだろうか？　そうした場合で息の長い交流が続く体制を作っておく必要がある。

通常、自治体では国際交流を担当する課に姉妹都市交流の担当者を置く。専任で行う場合もあれば他の業務との兼任の場合もある。それは自治体の規模や姉妹都市交流に対する自治体としての力の入れ方によって異なる。また自治体によっては複数の姉妹都市提携を行っているケースもある。一人が複数の姉妹都市提携を担当する場合もあれば、国ごとに担当が異なる場合もあるだろう。どのような体制を組むかは自治体の規模や考え方次第である。

重要なのは自治体としての交流事業を行う体制の整備とともに、市民レベルでの交流母体を作っておくことである。市民を主体とした姉妹都市協会を設立し、一般市民から広く会員を募る必要がある。

会員になるためには数千円の年会費が通常必要となるが、会員には国際交流に関心を持つ市民やあるいは姉妹都市を訪問したことのある市民や学生には働きかけて行うことが多い。またその会の理事には地域の有力者、たとえば商工会議所会頭、観光協会会長、地元の大学の教授などが選ばれるケースが多い。そうしてできた協会と歩調を合わせながら、自治体は姉妹都市交流を行うことになる。

では、こうした体制ができれば、姉妹都市交流は順調に発展していくのだろうか？　実はそうならないケースも多い。なぜなら、自治体が姉妹都市交流の事務を受け持つため、協会の会員は年会費を払っている以上、サービスを受ける立場であると考え、自律的に市民自身が行動を起こさなくなる場合があるからだ。そうなると市民は自治体に対して「おんぶにだっこ」状態になり市民主体の交流が薄れていく。

姉妹都市交流を活性化させるためのアイデアとして、その中に部会を作るという方法がある。たとえば、教育交流、経済、環境などのテーマを決めて、そのテーマに関心のある市民が自発的に集まり、姉妹都市と交流を企画、運営していくのだ。

こうした方式を行うと、従来は国際交流に関心のある市民しか姉妹都市交流に参加しないが、環境や経済など普段、国際交流と直接、縁のない市民やNPOを巻き込むこともできる。つまり、交流のための交流ではなく、具体的な目的やテーマを持った市民同士が交流することになる。その結果、姉妹都市との交流はよりイキイキしたものになり、具体的な成果に結びつきやすい。

こうした市民主導の体制がうまく作れれば、自治体がすべての事務を引き受けるというやり方から、全体のコーディネーションや時には資金面での協力を行うという役割に変化していく。

地域社会には語学の得意な人や国際的な経験を持つ人たちだけではなく、さまざまな分野での専門家が大勢いる。そうした人々を掘り起し、地域に眠っているそうした人的資源が姉妹都市交流に参加する場を作り出すことが姉妹都市提携を成功させるカギといえる。

交流の目的は何か?

実際に交流を始める前に、姉妹都市提携を通じて何を達成したいかを考える必要がある。これまでは残念ながらその目的意識がはっきりしない自治体が多い。「世界平和、友好親善に寄与する」「地域の国際化に貢献する」といった漠然とした目的では、一体何のために行うのかがはっきりしない。

もし、青少年に異文化体験の機会を与えたいというなら二つの可能性がある。近隣のアジアの国を念頭に相手都市を探すこともできる。この場合、距離が比較的近いので安い費用で交流が行え、大勢の青少年に交流のチャンスを与えることができる。

一方、同じ青少年交流でも、ナマの英語を青少年に学ばせたいという希望もあるだろう。そうであれば、アメリカ、カナダ、オーストラリアなどが対象となるだろう。いずれも姉妹都市として人気のある国で、オーストラリアでは中規模以上の都市のほとんどすべてがすでに日本の姉妹都市となっている。

また観光、環境面で相手都市から学びたいといった希望を持って交流する場合もあるだろう。そうした場合、特定のテーマについて、相手側にどのようなリソースがあり、またどのような組織や個人が関わっているのか、どのような交流が実際に可能なのかを詰めていく必要がある。

費用がかかるものであればその負担をどうするのかを考えなければならない。財政難に悩む自治体にとって費用の捻出は頭の痛い問題である。姉妹都市への渡航費は基本的に市民が負担するケースがほとんどだろう。

また両者で共同事業を行うということもあるだろう。大規模な経済開発を共同で行うといった事例は姉妹都市の間では多くないし、また行うことには慎重な判断を要する。なぜなら、失敗した場合にその痛手では大きく、両者の関係を損なうことにもなりかねないからだ。もし、行うのであれば自治体そのものではなく、地元の企業同士の連携によって行われるべきだろう。

言葉の壁も依然として大きい。姉妹都市交流の中身が薄いとすれば、それは言葉の壁があることも大きな要因になっている。コミュニケーションが十分にとれなければ交流の成果は期待できない。言葉の壁をどう乗り越えるのかについてのしっかりした対応が必要だ。

中国や韓国との姉妹提携では、相手都市側に日本語が流暢なスタッフがいる場合が多く、日本側はそれに依存しがちになる。一方、英語圏での交流は日本側が英語でコミュニケーションしなければならない。国際化の掛け声はあっても、残念ながら日本の自治体の職員の英語力は十分ではないケースも多い。地元にいる語学が堪能な市民の力を借りることで交流が活性化している例もある。

相手側とのコミュニケーション

姉妹都市交流では相手側とのコミュニケーションが最も大切だ。もし、仮にあなたが姉妹都市交流の担当者に任命されたとする。ではいったい何から手をつければよいのだろうか。

最初にすべきことは相手の姉妹都市交流の担当者へ自己紹介を兼ねたメールを送ることだろう。自分の自治体でのこれまでの経験、姉妹都市交流への意欲など、自分自身をアピールする必要がある。役所のメールだけではなく、ケースによってはFacebookなどのSNSを使ってよりパーソナルな関係を構築することも考えられる。

またネットを通じて容易に交流することができる時代とはいえ、できるだけ早い時期に姉妹都市を訪問する、あるいは相手都市の担当者の訪日を促して、実際に顔を合わせる機会を作ることが必要だ。

また相手がどのような人物なのか、自治体内でどのような権限を持ち、どのような立場にあるのかについても徐々に知識を深めていくことが求められる。相手は相当なレベルの意思決定ができる立場なのか、あるいは単なる交流の窓口役にすぎないのかによって、こちら側の対応も変えていく必要がある。

また重要なのは仕事以外の普段からのコミュニケーションである。当然、相手都市への訪問やあるいは受け入れ事業が近づけば、相手側とのコミュニケーションは活発化する。しかし、それでは交流事業をこなしていくということにしかならない。相手側とのより高いレベルでのウインウインの関係を築き、相互の信頼関係を深めていくためには、相手の都市に対して普段から関心を持ち、情報を集めておくことが重要だ。

岩手県花巻市の姉妹都市の関係者は、毎日、アメリカの姉妹都市の地元の新聞をネットで読むことを日課にしているという。そうすることで相手都市の事情もよくわかり、相手の姉妹都市の関係者とも共通の話題ができ話もスムーズに弾む。また大きな事件が起こればすぐにお見舞いのメッセージを送ることもできる。

相手都市の情報を知るのと同様に、日本の状況を普段からしっかりと知らせておくことも必要だろう。日本一般のニュースについては姉妹都市の人たちも知ることはできる。しかし、地域社会で起こっている出来事や地域の課題について、日本語以外で海外へ発信されることはない。そうした情報こそが姉妹都市の間で交換されるべきだ。だからこそ、姉妹都市同士の間で日頃からコミュニケーションを深めることが重要といえる。

大阪府箕面市とニュージーランドのハット市は常時、スカイプをつないでお互いの市民が「顔の見える交流」を毎日行える仕組みを作っている。箕面市側では、市内小中一貫校二校（彩都の丘学園、とどろみの森学園）と多文化交流センターに大型ディスプレイを設置し、常時リアルタイムでつながる交流の窓を設置した。一方、ハット市側も学校二校（トゥイグレンスクール、エプニプライマリースクール）と戦争記念図書館に大型ディスプレイを設置し、今では両校の子どもたちや市民同士が「窓」を通じてクラスメート、隣人のように気軽にコミュニケーションがとれるようになっている。

青年交流プログラムを企画する

では次に、実際に姉妹都市交流で最も盛んに行われている青少年交流を企画してみよう。まず、一〇名の中高校生をアメリカの姉妹都市に派遣する場合を想定してみよう。中学生にしろ高校生にしろ、普通の学生であればたどたどしい英語しか話せないだろう。しかし、授業で習った単語を組み合わせることで、海外で言葉が通じる喜びや感激は、極めて大きなもので本人の自信につながるものだ。

ホームステイなど、周囲に日本人がおらず、誰一人頼る人がいない状況で自分一人だけで行動をとらざるを得ない経験は、彼らの精神的な自立を促す特効薬になる。英語を使う楽しさを知るだけではなく、自分しか頼るものがいない生活の中で、日に日に自立心と自信を深めていく。

人間の成長は短期間では通常わからないものだが、異文化の中におかれた人間は驚くほど目に見えて成長する。青少年の国際交流の場面では、日常的にそうした光景が見られる。感受性がきわめて高い中高生の時期の海外体験は彼らの成長に大きな影響を与えるものだ。

さて、通常、こうした青少年の交流事業を行うとすれば夏休みの間だろう。期間としては二週間程度が多いようだ。その間、現地でホームステイを行いながら、英語や現地のさまざまな機関や観光地を訪問するというのが最も多い。現地の学校訪問ができればよいが残念ながら夏休みに入っておりそれができない。

ホームステイは全期間、行う場合もあれば、旅程の一部だけというケースもある。しかし、中高校生であれば全期間、ホームステイでもよいだろう。一方、成人であればホームステイは一日程度でよいだろう。あくまで体験にとどまるが、他人の家、しかも外国人の家ではくつろげないし、気を使って疲れ果ててしまうという人が多いのが実態だからだ。それは受け入れをする外国人の家庭にとっても同様だろう。

さて、募集の方法だが、市の広報誌などを使いだれもが応募をできる方法をとるケースと、市内の学校に推薦を依頼して選別する方法の両方がある。また参加費用についても、市が全部を負担する、一部を負担する、同行の先生の費用だけを市が負担し、生徒の費用は全額学生が負担するといったケースに分かれる。

私として勧めるのは、市の負担が比較的少ない一部負担である。なぜなら、市の予算に上限がある以上、市の負担が多ければ多いほど、参加できる生徒の数は限られてしまうからだ。一部の生徒だけではなく、できるだけ多くの生徒にチャンスを与えるべきだ。ただ一つ問題がある。それは費用を負担できる裕福な家庭だけが参加できることになってしまうことだ。所得の低い家庭の子どもには費用の貸し出しや参加費の割引などを行う配慮が必要になる。

また優秀な生徒を優先して参加のチャンスを与えるべきだろうか？　姉妹都市に派遣する以上、日頃、英語に熱心に取り組む優秀な生徒を優先すべきということになりがちだが、私は必ずしもそうは思わない。平凡な成績の生徒、普段、英語が苦手という生徒にこそ、異文化での経験は大きな意味を持つからだ。

きわめて小規模な自治体の場合には、希望者全員を姉妹都市に派遣するというケースもある。しかし、中規模以上の自治体にとっては一部の生徒しか、派遣することはできない。選ばれて派遣された生徒はラッキーだが、希望しながら行けなかった生徒はどうなるのか。

実はこういう話がある。学校の推薦で選ばれて姉妹都市に派遣された生徒たち。姉妹都市では貴重な経験を重ね、彼らにとって一生の思い出ができた。しかし、帰国後、その話を他の生徒たちにしたがらないという。一つは彼らが得た経験はそこに行った人間ではないと理解できないということ。日本にいる人間にはなかなか想像することが難しい。もう一つは、その経験を話すと自慢話にとられ、行きたくても行けなかった生徒からは嫉妬の目で見られることがあるという。

参加できない学生のために

姉妹都市を訪問できる生徒の数には限りがある。ではこの問題はどう解決できるのだろうか。一つは姉妹都市訪問を個人の経験だけに留めないことだ。そのためには事前の工夫がいる。つまり、学校単位、クラス単位で姉妹都市の学校と日頃から交流をしておくことだ。クラス全員が、姉妹都市の学校とメールやYOUTUBEで交流をしており、そして派遣される生徒はクラスを代表して全員のメッセージを携えて訪問する、そうした方法であれば、訪問の際の経験はクラス全員で共有されるだろう。

また参加した生徒たちは、学校だけではなくて一般市民に対しても姉妹都市での経験を話す機会を持つことが必要だ。兵庫県姫路市は六つの海外の姉妹都市を持っている。姫路市では南米を除く中国、韓国、アメリカ、ベルギー、オーストラリアの各都市に毎年、中高校生を二人から一〇人派遣している。

姫路市では海外姉妹都市へ派遣された市内の中高生が、現地に行って学んだこと、調べたこと、心に残ったエピソードなど自らの体験について写真や映像と共に一般市民に報告する会を毎年行っている。参加した生徒たちにとって姉妹都市での経験を締めくくる絶好の機会であり、一般市民にとってもみずみずしい感性を持つ青少年が姉妹都市で何に感動したのかを知る絶好の機会となっている。

北海道鹿追町とカナダのストニィ・プレインとの教育交流は目に見える成果を上げている。一九八五年に姉妹提携がスタートし、以来、活発な相互訪問や英語指導助手の招へいなどが行われてきた。中高生を対象に始まった短期留学制度は、一九九六年度から鹿追高校生一年生全員を対象とした事業に発展した。ストニィ・プレイン市と協力して、毎年およそ七〇人が現地でホームステイを経験している。

また鹿追町では「国際社会でたくましく生き抜く子どもの育成」を目的に、二〇〇三年度より文部科学省研究開発学校の指定を受けて、独自に「カナダ学」を開発し、町内小・中・高校で一貫した英語教育を行っている。更にストニィ・プレインとの交流がきっかけとなって、町の美化に積極的に取り組むようになり、全国花のまちづくりコンクールで国土交通大臣賞を受賞した。姉妹都市との交流が町の活性化の大きな起爆剤となっている。

交流の費用

財政難に苦しむ自治体にとって姉妹都市との交流の費用を大きな負担と感じる場合が多い。財政難によって姉妹都市交流のみならず、国際交流関連の予算が削られる傾向が続いている。かつては日本側が交流を支えていた日中の姉妹都市交流についても、中国側から日本の低予算を心配されるほどだ。

姉妹都市に予算をかけられなくなったのには、自治体予算の緊縮化と同時に、姉妹都市交流そのものの持つ問題も関係している。

一つは姉妹都市交流に参加できる市民が限定され、ややもすると固定化する傾向がある。限られた一部の市民にしか裨益しない活動に税金をつぎ込んでよいのかという批判である。もう一つの課題は、対費用効果の面で、効果の測定がきわめて難しいこと。何をもって成果と考えるのか、その物差しがはっきりしていないことがある。姉妹都市交流の評価という問題である。

前者についていえば、姉妹都市交流など国際交流に関心を持つ市民は市民の一部であることは間違いない。留学経験者、海外に赴任したことのある人たちなどが中心になる傾向がある。姉妹都市交流が市民のためのものであるとすれば、その壁を突破する努力が欠かせない。

そのためには、姉妹都市のさまざまな側面を知らせ、多面的な市民の関心を引き寄せること、外国語ができなくてもハンディなく交流できる体制があること、また子どものいる家庭には青少年交流がいかに重要かを知らせることなどが重要だろう。

姉妹都市の評価

姉妹都市事業の評価についてどう考えればよいのか。姉妹都市交流は長期的な視点から考えるべきで、評価そのものに馴染まないという見方もできる。しかし、それでは今の時代にそぐわないし、最初から評価をあきらめてしまうことは独善になってしまう危険性がある。

評価をすることは、事業の意義を再度見直し、改善点を発見するチャンスととらえるべきだ。また姉妹都市交流に直接関わらない人たちにその意義をわかってもらう機会でもある。

さて、ここでは具体的に青少年を姉妹都市に派遣する事業について考えてみよう。まず、事業の目的をはっきりさせる必要がある。これはすべての事業についていえることだが、目標と成果をしっかり認識することから始まる。ただ姉妹都市交流は、海外の相手と交流することであり、通常の事業とは異なる要素が存在する。うまくいく事業は当初予想した以上にさまざまな発展やつながりが生まれるということもある。またうまくいかなければ、成果が上がらないだけではなく、相手との関係もギクシャクすることになってしまいかねない。

青少年の派遣については、「青少年の国際感覚を向上させること」などの目的が掲げられている場合があるが、あいまいである。あいまいな目的では効果についての評価も行いづらい。より具体的な目標をしっかりと立てることが最初に求められる。たとえば、「異文化への肯定的な意識を持ち、異文化に適切に対応できる能力を高めること、実践的な語学力を身につける必要性を認識すること」としてはどうだろうか。

では、それがどの程度、達成されたかをどのように知ることができるのか。多くの自治体では事業に参加した学生に感想文を書かせている。感想文を読むと、生活習慣の違いに驚いたこと、ホストファミリーに親切にされて感動したこと、思い通り英語が話せず苦労したが徐々にコミュニケーションが取れるようになったこと、英語の勉強の必要性を痛感したことなどが書かれている場合が多い。見知らぬ人とも挨拶をする習慣や、社会全体がフレンドリーな雰囲気に触れていることに感銘を受ける生徒もいる。

こうした感想文を読む限り、彼らは短期間の滞在にもかかわらず多くの経験と新しい視野や考え方を身につけたことがわかる。しかし、評価を考える上で、単に感想文を書かせるだけでは必ずしも十分ではない。

目的に沿った成果を知るには、異文化に接した際の態度がどうだったか、異文化から何を学んだのか、コミュニケーションの課題をどう乗り越えたのか、その結果、どの程度自信を得ることができたのか、英語に対する動機づけはどの程度進んだのか、などの具体的な項目のあるアンケートや聞きとりを実施することも必要だ。

また一時的ではなく、継続的なインパクトを知るためには本人ばかりではなく、両親や学校の先生からの意見を聞き取りすることでより客観的な評価をすることができる。事業終了直後と一年後を比較してみるということも行う必要があるだろう。英語の学習意欲にどの程度結びついたのか、その後の学校の英語の成績の変化としてとらえることもできるだろう。

プログラムを作る

さて、具体的に姉妹都市交流事業の実施のあり方とその費用について考えてみよう。たとえば、姉妹都市の相手先から市長一行の訪問を受け入れるケースについて考えてみよう。市長一行二〇人が来日し、われわれの町に二泊三日で滞在する想定だ。

宿泊費やわれわれの町までの交通費は相手側が負担するとしても、町の中での交通費や歓迎夕食会などの食費、記念品などの予算が考えられる。バスの借り上げ費として二日間、二〇万円、歓迎夕食会五〇万円、昼食会二〇万円、それに記念品や雑費として一〇万円を想定したとしよう。総計でちょうど一〇〇万円である。

ではこの経費を劇的に減らす方法はないのか。一つはバスの借り上げを止めて、市の公用車や市民のボランティアの車を活用するという方法だ。アメリカの姉妹都市の場合、自治体が姉妹都市交流に資金を出すことはきわめて例外的でほとんどが市民のボランティア活動によって支えられている。そのため、空港に着いた日本からの訪問団は姉妹都市協会に参加する市民の車に分乗して市内に向かうことになる。日本でもそれを応用することは可能だろう。

歓迎夕食会はどうか。市内の一流ホテルの宴会場を使って行えば相当の費用がかかる。また日本人市民は実費を払うとすれば高額となり、多くの市民は参加できない。それであれば市民ホールを借りて、立食形式の歓迎会として、参加した市民からは二〇〇〇円を徴収する。食べ物や飲み物は簡素であっても地元の有機野菜や食材など地元産にこだわり、有志の市民は自宅で作ったデザートなどを持ち込むポトラック形式で行うこともよいだろう。

またテーブルには相手都市の国の言葉で食べ物の説明や地元産であることを書いた説明書を添えておく。単に料理を食べる場ではなく、文化の交流の場となるような設営にしておくのだ。

また歓迎の夕食会では、市内の伝統芸能を披露したり、地元の中高生で全国大会に出た吹奏楽部の演奏や柔道や剣道の模範演技をしてもらうのもよいだろう。あるいは吹奏楽部は日本の歌だけではなく、相手の姉妹都市になじみのある曲を演奏すれば相手側の気持ちが否が応でも盛り上がる。文化交流というと、日本文化を徹底して見せる場になりがちだが、相手の文化を取り入れた工夫をすると相手の受けは全く違うものになる。お金をかけなくとも、地元にあるさまざまなリソースを利用すれば、通常の夕食会よりもよほど印象に残るイベントにすることができるのだ。

では昼食会はどうだろうか。ここでは地元の企業や商工会議所などにホストをしてもらい、企業関係者と親しく話をする機会にすればよい。相互に地域の産業についてパワーポイントを使ってプレゼンテーションを行うなど、ワーキングランチとするような工夫もあってよいだろう。姉妹都市の商工業者が結びつけば実利を伴う関係としてさらに地域に根差した関係になっていくだろう。

滞在期間中には観光名所のような場所だけではなく、学校の訪問や福祉施設、企業見学などを含めるとよい。あるいは市として環境問題に取り組んでいるのであればごみ処理場を見せるということも可能だ。また行政の活動だけではなく、地元のNPOの活動の様子を紹介するのもよいだろう。ついつい地域の優れたところを見せることに偏ってしまいがちだが、課題となる分野について見せて、相手都市での取り組みから学ぶという姿勢もあってよい。

姉妹都市の訪問団は単なる観光に来たわけではない。お互いの市を深く知り合い、そのことによって将来、有効な交流の糸口を見出すことこそが重要だ。

持続的な活性化のために

姉妹都市を活性化させるためのいくつかの課題が浮かび上がる。一つには、いかに有効で高い評価の事業であっても次第に時代と合わなくなるということである。青少年交流も、参加する青少年は毎年、異なるからといって同じやり方で何十年も繰り返していると次第に制度疲労を起こすようになる。時代にマッチした交流とは何かを常に考え続けなければならない。

二つ目は市民参加を進めようとしても、実際には一定層以上にはなかなか広がらないことがある。姉妹都市に関心を持つ市民の数は限られ、また実際に交流に参加しようという市民は一握りに過ぎない。また熱心な市民がいればいるほど、周囲の市民は冷めてしまうという状態も起こりえる。

姉妹都市委員会はそのリーダーシップを固定化せず、数年ごとに入れ替わる体制を作ったほうが長期的に見ればうまくいくケースが多い。また難しい課題であるが、姉妹都市交流の新鮮さを保ち、姉妹都市に関心のある市民を継続的にどう取り込むかについて知恵を絞らなければならない。

制度的な問題として姉妹都市交流が沈滞する理由の一つに、自治体の人事制度がある。数年おきに担当者が替われば相手の姉妹都市との信頼関係も再スタートとなる。ふりだしに戻るわけではないものの、過去の経験が十分に生かされないのは大きなロスといえる。中長期の視点から姉妹都市交流を持続させる体制が重要といえる。

姉妹都市交流の停滞は相手側の事情によっても起こりえる。首長が替わると姉妹都市交流も大きな影響を受けることがある。新たな首長は姉妹都市交流に関心がないどころか、姉妹都市交流を停止しようとするかもしれない。実際に休眠状態になるのは一方の自治体が交流への意欲を完全になくしてしまった場合である。

しかし、だからといって姉妹都市提携を破棄する必要はない。次の新たな首長が就任することで復活する場合もあれば、何らかのきっかけによって活動が再開されるという例はきわめて多い。半世紀以上の歴史を持つ姉妹都市交流も現在では増えつつあるが、そうした姉妹都市は休眠状態も含めこれまで何度も浮沈を経験してきたことだろう。

時代の変化への対応を行うのと同時に、その時々の首長の意向に左右されない息の長い交流を目指すことが必要といえる。つまり、姉妹都市交流の原点である市民参加が必要不可欠なのである。

姉妹都市交流のあり方としてより望ましいのは、事業の参加者が一個人の経験として姉妹都市への訪問を終わらせず、継続して姉妹都市との交流に関わることだ。また参加した青年には、将来、姉妹都市交流を企画し実行する立場に立って、リーダーとしての役割を果たすことも期待されるだろう。姉妹都市交流の主役が市民であることを考えれば、市民が主体的に活動に参加し、しかも参加する市民が年代を超えて徐々に増えていくことが望ましい。そうした好循環の輪ができれば姉妹都市交流は市民に定着する。

さて、二一世紀を迎えてすでに二〇年近くが経過した。世界ではグローバル化に対する悪影響も明らかになり、排他的なポピュリズムが広がりを見せている。外国人に対するネガティブな見方は市民レベルの交流が十分でないために偏見やプロパガンダから抜け出せないことも大きく影響している。

そうであれば市民交流を一層活性化し、リアルな世界のあり方を国際交流を通じて自ら体験する市民を増やしていくことが必要になる。多くの市民が日常生活の中で国際交流に参加できる時代になった今、グローバル化の時代にふさわしい姉妹都市交流の意義を再度考え、世界にポジティブな認識とつながりを広げる手段として一層の進化が求められるといえるだろう。

参考文献

「国際化の潮流　姉妹都市交流を再考する」『自治体国際化フォーラム一九〇』自治体国際化協会、二〇〇五年
毛受敏浩『姉妹都市交流ブックレット――あなたの町の国際交流をより元気にするために』国際交流基金日米センター、二〇〇六年
佐藤敞『姉妹都市交流の未来に関する考察』大阪大学大学院人間科学研究科ボランティア人間科学講座、共生社会論、二〇〇八年
佐藤智子『自治体の姉妹都市交流』明石書店、二〇一一年

あとがき

昨今、大阪市とサンフランシスコ市の姉妹都市の解消を巡って、姉妹都市との交流のあり方、また姉妹都市とは何かについての議論が活発化している。皮肉なことに、これまで省みられることのなかった姉妹都市が脚光を浴びる絶好の契機となった。一度立ち止まって、姉妹都市の意義や役割を問い直すとともに、交流を支えてきた数多くの先人の思いを振り返り、新しい時代の交流のあり方を考える機会になればと思う。

筆者は姉妹都市交流に参加することで自分自身の人生の方向が変わったという経験を持つ。壮年期にアメリカに滞在し、現地で多くのアメリカの友人を得たことがその後、国際交流のキャリアに進む転機となった。

一九八〇年代半ば、当時勤務していた兵庫県庁からアメリカの姉妹州であるワシントン州に家族とともに派遣された。ワシントン州の州都にあるエバグリーン州立大学に在学し、行政学修士の資格を得たが、そこで研究したのは姉妹都市交流についてだった。

それはワシントン州政府の職員すら兵庫県はおろか、ワシントン州が日本に姉妹都市を持つことを知るものはおらず、兵庫県、そして姉妹都市をもっとアピールしたいとの想いがその動機だった。

しかし、研究しようにも姉妹都市についての書籍などの文献は見つからない。ただワシントン州政府のアーカイブには兵庫県と姉妹都市提携をした一九六〇年代の資料が神戸新聞の記事なども含めそのまま残されていることに驚いた。現在も姉妹都市についての研究や出版物は日本、海外においても極めて少なく研究者には手付かずの領域として残されている。その意味で、本書は、姉妹都市を網羅するものではなく、あくまでも今後の研究の発展につながる一つの糸口となることを希望する。

アメリカで暮らしをしているとき、在住したオリンピア市の日本との姉妹都市交流のお手伝いをさせていただいた。そのときアメリカ側の姉妹都市協会の会長からこんな話を聞くことがあった。

同氏は姉妹都市である兵庫県の社町（当時）を訪問したとき、ホームビジットをする機会があったという。夕食を日本人家族と一緒に囲んだが、相手の家族の中に高齢の老人がいた。最初は口が重かったが、次第に打ち解けて通訳を介して話をするようになった。

食事が進む中で、ひょんなきっかけから戦争の話題になった。第二次大戦時にはお互いどこにいたのかを話すことになった。実は会長は従軍経験があり、東南アジアのある島で日本軍と戦った経験があったのだ。かれは思い切ってそのことを話すと、相手の老人は思わず立ち上がった。

「わたしも兵隊でその島にいた！」

「戦争時には敵同士で殺しあう関係だった二人が、今では姉妹都市交流を通じて、平和な夕食を分かち合える」「それこそが姉妹都市交流の意義だ」会長は淡々と筆者に話してくれた。

姉妹都市交流が戦後の国民の間の和解に大きな役割を果たしたことは本書のメインテーマでもある。それは日米間だけではなく、第二次大戦で引き裂かれたヨーロッパ諸国内も同様であり、世界で草の根の人々をつなぎ合わせる意味で大きな役割を果たしてきた。

さて、現代の国際社会を見れば、国を超えた人の移動が激増する一方で、国家間には相互不信や憎悪の高まりも見られる。こうした状況に対して国家は外交努力、時には軍事力によって解決を図ろうとする。そこでは姉妹都市交流のような市民交流といったソフトなツールは考慮されず、ハードな外交が幅を利かせているように思える。そうした時代であるからこそ、半世紀も前に草の根の相互理解によって国際関係を切り開こうとしたアイゼンハワー大統領のピープル・ツー・ピープル・プログラムは未来的にさえ思える。

現在よりよほど交流が難しかった時代、人々は苦労しながら世界の人々と交流の糸口を広げてきた。世界中の名もない人々の絶え間ないこの取り組みに対してわれわれは今一度、注目し敬意を表するべきだろう。目に見えない交流の積み重ねの努力がときには戦争を思い留まらせ、現在の世界の平和の土台になっているのである。人と人とが文化や言語を超えて向かい合い、対話する中から幾重もの国を超えた網の目のような密度の濃い信頼関係が育まれてきた。

今ではＩＴ、スマホ世代と時代は変わった。そして姉妹都市交流のあり方もＩＴを使った交流に変化してきている。人の移動も活発化しており、人口減少が進む日本にあってはアジアとの姉妹都市交流を行う中から、相手都市の青年を定住者として迎え入れるといったことも将来起こるかもしれない。

グローバル化の時代にあって市民レベルの国際交流は盛んになりよりダイナミックになっていく。そうした時代にあって国際交流の原点を再認識するとともに、未来を展望する一助として本書が役立つことになればと願う。

本書の出版に当たっては、今回も明石書店の大江道雅代表取締役にお世話になった。毎回、無理なお願いを受け止めていただいていることに深く御礼申し上げたい。また編集においては古川文夫氏にたいへんお世話になったことを付記したい。

最後に全国で姉妹都市交流をはじめ国際交流に携わる方々に心からのエールを送りたい。「皆さんの活動こそが日本の若者を勇気づけ未来につながる一歩になるのだ」と。

二〇一七年一二月

毛受敏浩

[著者紹介]

毛受敏浩（めんじゅ　としひろ）

兵庫県庁勤務中に姉妹州の米国ワシントン州立エバグリーン大学に派遣され、姉妹都市交流をテーマに公共経営修士号取得。慶応大学法学部卒。桜美林大学大学院博士課程単位取得退学。（交財）日本国際交流センターにて、幅広い分野での国際交流活動に従事し執行理事を務める。自治体国際交流表彰（総務大臣賞）審査委員、新宿区多文化共生まちづくり会議会長を務め、国際交流・協力実践者全国会議実行委員長等を歴任。著書に『限界国家――人口減少で日本が迫られる最終選択』（朝日新書、2017年）、『自治体がひらく日本の移民政策』（明石書店、2016年）、『国際交流・協力活動入門講座I』～『国際交流・協力活動入門講座IV』（明石書店）など多数。

姉妹都市の挑戦

――国際交流は外交を超えるか

2018年1月31日　初版第1刷発行

著　者　毛受敏浩

発行者　大江道雅

発行所　株式会社 明石書店

〒101-0021　東京都千代田区外神田6-9-5

電　話 03（5818）1171

FAX 03（5818）1174

振　替　00100-7-24505

http://www.akashi.co.jp

編集／組版　本郷書房

装　丁　明石書店デザイン室

印刷・製本　モリモト印刷株式会社

（定価はカバーに表示してあります）　ISBN978-4-7503-4625-0

自治体がひらく日本の移民政策

人口減少時代の多文化共生への挑戦

毛受敏浩 編著

四六判／並製／240頁　◎2,400円

加速化する人口減少と少子高齢化で労働力不足が深刻化する中、政府もいよいよ、本格的な外国人労働力の受け入れを検討しなければならない段階にきている。本書は、日本の多文化共生政策の歴史を踏まえ、各自治体の取り組みの事例を概観し、地域多文化共生制度の創設など自治体を軸に今後の移民政策の指針を示す。

◆内容構成◆

第一章　人口減少は地方創生で解決可能か

加速する人口減少／自治体は消滅するか／地方都市と人口減少／政府による地方創生／まち・ひと・しごと創生本部とは／長期ビジョンと総合戦略の内容／自治体の対応／地方創生で人口問題は解決するか？／外国人の定住化という視点

第二章　多文化共生の変遷と多文化パワー

国際交流・協力の経験／姉妹都市交流／政府の関与／多文化共生の成り立ち／総務省の多文化共生への関与／「多文化共生推進プラン」への対応／多文化パワー

第三章　草の根の経験――外国人受け入れの現場から

フロンティア精神が支える許容力［池田誠（北海道国際交流センター事務局長）］／多文化共生社会を担う外国出身者コミュニティ［幕田順子（福島県国際交流協会）］／「人」を中心に、地域づくりからはじめる多文化共生［中村則明（とやま国際センター）］／多様性を生かしたまちづくりで外国人が活躍する社会へ［石塚良明（浜松市国際課長）］／外国人が活躍しやすい「場」を作る国際化戦略［戸田佑也（あらまほし代表取締役）］／「知」と「技」で地域を動かす外国人パワー［平田景子（地域国際交流政策研究所）］／「課題先取り型」で取り組む多文化共生の推進［髙原義弘（北九州国際交流協会専務理事）］

コラム◎熊本地震での多文化パワー［八木浩光（熊本市国際交流振興事業団事務局長）］

第四章　自治体移民政策への道

多文化共生の限界／多文化共生は福祉政策か？／多文化共生はコストに見合うか？／自治体の移民政策とは／外国人誘致政策／人口政策の中の定住外国人／海外の自治体の活動／地域社会へのソフトランディング政策／潜在能力の活性化政策／国の移民政策の先導役として／自治体は移民、難民をどう考えているのか

コラム◎アジア青年移民受け入れ事業

〈価格は本体価格です〉

レイシズムと外国人嫌悪
移民・ディアスポラ研究3
駒井洋監修　小林真生編著　◉2800円

「グローバル人材」をめぐる政策と現実
移民・ディアスポラ研究4
駒井洋監修　五十嵐泰正、明石純一編著　◉2800円

マルチ・エスニック・ジャパニーズ　○○系日本人の変革力
移民・ディアスポラ研究5
駒井洋監修　佐々木てる編著　◉2800円

難民問題と人権理念の危機　国民国家体制の矛盾
移民・ディアスポラ研究6
駒井洋監修　人見泰弘編著　◉2800円

難民を知るための基礎知識　政治と人権の葛藤を越えて
滝澤三郎、山田満編著　◉2500円

移住者と難民のメンタルヘルス　移動する人の文化精神医学
ディネッシュ・ブグラ、スシャム・グプタ編
野田文隆監訳　李創鎬、大塚公一郎、鵜川晃訳　◉5000円

レイシズムの変貌　グローバル化がまねいた社会の人種化、文化の断片化
ミシェル・ヴィヴィオルカ著　森千香子訳　◉1800円

ヘイトスピーチ　表現の自由はどこまで認められるか
エリック・ブライシュ著
明戸隆浩、池田和弘、河村賢、小宮友根、鶴見太郎、山本武秀訳　◉2800円

日本人女性の国際結婚と海外移住　多文化社会オーストラリアの変容する日系コミュニティ
濱野健　◉4600円

国際結婚・離婚ハンドブック　日本で暮らすために知っておきたいこと
田代純子　◉2000円

詳解　国際結婚実務ガイド　国別手続きの実際から日本での生活まで
榎本行雄編著　森川英一、中井正人著　◉2000円

国際結婚　多言語化する家族とアイデンティティ
河原俊昭、岡戸浩子編著　◉2600円

定住・永住・国際結婚
実例でわかる外国人在留資格申請ガイド2
謝俊哲編著　◉2800円

国際結婚家族のお受験体験記
ペート・バックハウス　◉1800円

介護現場の外国人労働者　日本のケア現場はどう変わるのか
塚田典子編著　◉3800円

日本で働く非正規滞在者　彼らは「好ましくない外国人労働者」なのか？
鈴木江理子　◉5800円

〈価格は本体価格です〉